KB203946

로버트 맥체인 설교집

누가복음 · 사도행전

SERMONS ON THE GOSPEL OF LUKE

& ACTS

by Robert Murray McCheyne

그리스도인들은 그 책의 사람들, 바로 성경의 사람들입니다. 성경에만 권위를 두고, 성경대로 살며, 성경에 자신을 계시하신 삼위 하나님만을 예배하고 사랑합니다. 이에 **그 책의 사람들**은 하나님께만 영광 돌리고, 하나님의 나라와 교회의 번영과 행복을 위해 성경에 충실한 도서들만을 독자들에게 전하겠습니다.

로버트 맥체인 설교 시리즈 4

LUKE · ACTS

로버트 맥체인 설교집

누가복음 · 사도행전

❖

로버트 맥체인 지음 | 임정민 옮김

ROBERT MCCHEYNE

책의
사람들

차례

LUKE

로버트 맥체인 설교집

누가복음

ROBERT McCHEYNE

그리스도의 변화 사건

1. 그리스도의 변화 사건[1]

이 말씀을 하신 후 팔 일쯤 되어 예수께서 베드로와 요한과 야고보를 데리고 기도하시러 산에 올라가사 기도하실 때에 용모가 변화되고 그 옷이 희어져 광채가 나더라 문득 두 사람이 예수와 함께 말하니 이는 모세와 엘리야라 영광 중에 나타나서 장차 예수께서 예루살렘에서 별세하실 것을 말할새 베드로와 및 함께 있는 자들이 깊이 졸다가 온전히 깨어나 예수의 영광과 및 함께 선 두 사람을 보더니 두 사람이 떠날 때에 베드로가 예수께 여짜오되 주여 우리가 여기 있는 것이 좋사오니 우리가 초막 셋을 짓되 하나는 주를 위하여, 하나는 모세를 위하여, 하나는 엘리야를 위하여 하사이다 하되 자기가 하는 말을 자기도 알지 못하더라 이 말

---

1 1842년 12월 4일, 주일 오전 설교.

할 즈음에 구름이 와서 그들을 덮는지라 구름 속으로 들어
갈 때에 그들이 무서워하더니 구름 속에서 소리가 나서 이
르되 이는 나의 아들 곧 택함을 받은 자니 너희는 그의 말
을 들으라 하고 소리가 그치매 오직 예수만 보이더라 제자
들이 잠잠하여 그 본 것을 무엇이든지 그 때에는 아무에게
도 이르지 아니하니라(눅 9:28-36; 참고, 마 17:1-13; 막 9:2-
13).

많은 사람이 그리스도의 변화 사건을 잘 모르는 듯 보입니
다. 마치 겟세마네처럼 그 언저리에 어둠이 드리워 있습니
다. 겟세마네는 그리스도의 깊은 슬픔을 보여 주었습니다.
다볼 산은 지식을 뛰어넘는 그리스도의 빼어난 영광을 보
여 주었습니다.

오늘 본문에 나오는 몇 가지 내용을 하나씩 살펴봅시다.

1. 먼저 가장 사랑을 많이 받은 세 제자를 봅시다

"이 말씀을 하신 후 팔 일쯤 되어 예수께서 베드로와 요한
과 야고보를 데리고 기도하시러 산에 올라가사." 흥미로운
점은 이 세 제자가 주님께 자주 남다른 은혜를 입었다는

사실입니다. 그리스도께서는 이 세 제자에게 남다른 주권을 행사하신 듯 보입니다.

이 세 제자를 처음 따로 데리고 가신 때는 회당장의 딸을 살려 주실 때였습니다. "아직 예수께서 말씀하실 때에 회당장의 집에서 사람들이 와서 회당장에게 이르되 당신의 딸이 죽었나이다 어찌하여 선생을 더 괴롭게 하나이까……베드로와 야고보와 야고보의 형제 요한 외에 아무도 따라옴을 허락하지 아니하시고"(막 5:35, 37). 이 셋이 앞의 그 셋인 것을 여러분도 눈치채실 것입니다. 예수님은 이 셋을 회당장네 집에 데리고 가서, 이들에게 죽은 사람을 살리는 능력을 보여 주셨습니다.

그리고 오늘 본문에서 이 세 제자를 두 번째로 따로 데리고 가십니다. 이 일이 있기 며칠 전에 예수님은 "내가 참으로 너희에게 이르노니 여기 서 있는 사람 중에 죽기 전에 하나님의 나라를 볼 자들도 있느니라"(눅 9:27)라고 하셨는데, 팔 일쯤 지나서 이 세 제자를 데리고 산에 올라가서 장차 올 영광을 어렴풋이 보여 주신 것입니다.

그다음은 겟세마네 동산입니다. 예수님은 몇 사람을 자기 고뇌의 증인으로 삼기를 바라셨는데, 그때도 베드로와 야고보와 요한을 데리고 가셨습니다(마 26:37-38). 아, 형제 여러분, 그리스도의 영광을 보게 해 주신 것은 큰 영광이었습니다. 그렇지만 그리스도의 고뇌를 보는 것은 더 영광스러운 일이었습니다.

교회 안에는 늘 하나님이 몹시 귀하게 여기시는 사람들이 있었습니다. 어떤 사람은 열둘에 들어갈 뿐 아니라, 셋에 들어갑니다. 노아가 있었고, 다니엘이 있었습니다. 여러분, 하나님이 "큰 은총을 받은 사람 다니엘아"(단 10:11) 하고 부르지 않으셨습니까? 또 아브라함은 "하나님의 벗"(약 2:23)이라 칭함을 받았습니다. 교회 역사를 보면 열둘에 들어간 훌륭한 사람이 많았습니다. 그러나 셋에 들어가는 것은 훨씬 더 좋은 일입니다.

이것은 세상의 탐심하고는 사뭇 다른 것입니다. 한낱 세상 야망과는 사뭇 다릅니다. 세베대의 아내가 자기 자식들을 놓고 품은 소원과 다릅니다. 세베대의 아내는 세상눈으로 볼 때 자기 아들들이 나머지 제자들보다 더 큰 존귀와 영광을 얻기를 바랐습니다. 아, 그러나 그리스도를 탐내는 것, 그리스도를 닮기 바라는 것은 복된 일입니다. 에드워즈Jonathan Edwards는 이렇게 말합니다. "어느 시대건

바른 표지를 다 따져서 엄밀한 의미의 온전한 그리스도인, 늘 기독교의 참 빛을 비추고, 어느 모로 보나 어느 면을 보나 빼어나고 사랑스러운 그리스도인이 이 세상에 단 하나밖에 없다고 가정할 때, 그 하나가 되려고 있는 힘을 다하기로 다짐하자."

아, 형제 여러분, 훌륭한 그리스도인이 되기로 다짐하십시오. 오늘날 겟세마네의 어둠을 깊이 들여다보는 그리스도인이 많지 않습니다. 다볼의 영광을 어렴풋이 보는 사람이 많지 않습니다. 일등성 하나가 그보다 작은 열두 별보다 하나님을 더욱 빛나게 합니다. 훌륭한 목사 하나가 어지간한 열두 목사보다 그리스도를 더욱 존귀하게 합니다. 훌륭한 그리스도인 하나가 어지간한 열두 그리스도인보다 하나님을 더욱 존귀하게 합니다. 형제 여러분, 그리스도의 형상을 모두 나타내기를 간절히 탐내십시오.

2. 다음으로 생각할 점은 산에서 한 기도 모임입니다

마태는 예수님이 베드로와 야고보와 그 형제 요한을 데리고 따로 높은 산에 올라가셨다고 말합니다(마 17:1). 누가는 기도하러 올라가신 것이라고 밝힙니다. 그리스도께서는 따로 기도하는 것을 좋아하셨습니다. 마가는 예수님이 아직 날이 밝기도 전에 일어나서 기도하러 가셨다고 하고(막 1:35), 마태는 오천 명을 먹이시고 나서 기도하러 따로 산에 올라가셨다고 말합니다(마 14:23). 누가도 그리스도께서 그 원수들에게 둘러싸이신 날, 한적한 곳에 가서 기도하셨고(눅 5:16-17), 사도들을 세우려고 하실 때도 나가서 밤이 새도록 기도하셨다고 말합니다(눅 6:12). 이것은 그리스도께서 은밀히 기도하기를 좋아하셨다는 것을 보여 줍니다.

아, 은밀히 기도하기를 좋아하지 않는다면, 여러분은 그리스도인이 아닙니다. 아, 형제 여러분, 기도하지 않는 사람은 회심하지 않은 사람입니다. 실컷 위장해 보십시오. 힘껏 항변해 보십시오. 맘껏 해명해 보십시오. 그렇지만 기도가 없는 사람은 그리스도가 없는 사람입니다. 그리스도께서는 기도 모임을 좋아하셨습니다. 누가복음 11장 1절에 보면, 그리스도께서 제자들과 함께 기도하셨다는 말씀이 나옵니다. 또 다른 보기는 우리가 읽고 있던 요한복음 17장입니다. 아, 그리스도의 기도를 듣는 것이 얼마나 놀라운 일이었을까요!

아브라함의 기도를 듣는 것이 얼마나 놀라웠을까요? 창

세기 18장을 보십시오. 바울의 기도를 듣는 것이 얼마나 놀라웠을까요? 에베소 성도들을 위한 바울의 기도를 한번 보십시오. 바울은 하나님의 모든 충만하심으로 충만하게 되기를 기도할 수 있었던 사람입니다. 루터의 기도를 듣는 것도 놀라운 일이었습니다. 한 친구의 말을 들어보십시오. "루터가 기도하는 것을 듣고 깜짝 놀랐다. 루터는 경외심만 아니라, 거룩한 친밀감을 가지고 하나님께 나아갔다."

하지만 그리스도의 기도를 듣는 것만큼 놀라운 일은 없습니다. 다볼 산 나무들 사이에서 당신이 짊어지신 모든 죄를 고백하시는 것을 들었다면, 얼마나 놀라웠겠습니까? "수많은 재앙이 나를 둘러싸고 나의 죄악이 나를 덮치므로 우러러볼 수도 없으며 죄가 나의 머리털보다 많으므로 내가 낙심하였음이니이다"(시 40:12). 그리스도께서 구원해 달라고 크게 울부짖는 소리를 듣는 것이 얼마나 놀라운 일이었겠습니까? "나를 사자의 입에서 구하소서……하나님이여 나를 구원하소서 물들이 내 영혼에까지 흘러들어왔나이다 나는 설 곳이 없는 깊은 수렁에 빠지며 깊은 물에 들어가니 큰 물이 내게 넘치나이다"(시 22:21; 69:1-2). 또 믿는 제자들을 위해 기도하시는 것을 듣는다고 생각해 보십시오. "내가 그들을 위하여 비옵나니 내가 비옵는 것은 세상을 위함이 아니요 내게 주신 자들을 위함이니이다……내가 비옵는 것은 그들을 세상에서 데려가시기를 위함이 아니요 다만 악에 빠지지 않게 보전하시기를 위함이니이다……아버지여 내게 주신 자도 나 있는 곳에 나와 함께 있어 아버지께서 창세전부터 나를 사랑하시므로 내게 주신 나의 영광을 그들로 보게 하시기를 원하옵나이다"(요 17:9, 15, 24). 그날 밤 다볼 산에서 틀림없이 이런 기도가 들려왔을 것입니다.

형제 여러분, 그리스도께서는 시온에서도 여전히 이런 기도를 드리고 계십니다! 형제 여러분, 여러분이 다볼 산 나무 뒤에서 여러분의 이름을 대면서 '아버지, 베드로와 야고보와 요한만이 아니라, 이 영혼을 위해서도 기도하나이다. 아버지의 진리로 이 영혼을 거룩하게 하옵소서. 아버지, 이 영혼이 나 있는 곳에 나와 함께 있어 나의 영광을 보게 하시기를 원하옵나이다' 하고 기도하시는 것을 들었다면, 의심 많은 죄인 여러분, 말씀해 보십시오, 그리스도께서 여러분 이름을 언급하시는 것을 들었다면, 이것이 여러분에게 평안을 주지 않았겠습니까? 거리가 차이를 만듭니까? 친구가 옆방에서 여러분을 위해 기도하는 소리를 들으나, 다른 나라에서 여러분을 위해 기도한다는 소식을 들으나 무슨 차이가 있습니까? 자, 그리스도께서 여러분을 위해 기도하신다는 얘기를 듣는다면(그리스도께서는 믿는 모든 사람을 위해 기도하십니다), 여러분은 거기서 위로를 받지 않겠습니까?

3. 세 번째로 어떤 기도 응답이 왔는지 살펴봅시다

첫 번째 기도 응답은 모습이 달라지신 것이었습니다. "기도하실 때에 용모가 변화되고 그 옷이 희어져 광채가 나더라." 보시다시피 이것은 기도 응답으로 일어난 일이었습니다. '기도하실 때에 용모가 변화되었다'고 말하기 때문입니다. 마태는 예수님 얼굴이 해 같이 빛났다, 예수님 옷이 빛과 같이 희어졌다 말합니다. 누가는 그 옷이 희어져 광채가 났다고 말합니다. 저는 이러한 기도 응답이 온 까닭이 두 가지라고 믿습니다. 먼저는 예수님 자신을 위해서 왔고, 다음으로 제자들을 위해서 왔습니다.

먼저, 예수님 자신을 위해서 이런 응답이 왔습니다. 예수님은 "나를 영화롭게 하옵소서"(요 17:5) 하고 기도하셨는데, 여기서 응답을 받으셨습니다. 형제 여러분, 이것은 그리스도께 그 사역을 잘 마무리하리라는 달콤한 증거가 되었습니다. 저는 그리스도께서 기도하실 때 그 사역의 완수를 위해서 이런 일이 자주 일어났다고 믿습니다. 마찬가지로 여기서도 그 사역을 다 이루리라는 증거로 장차 올 영광이 어렴풋이 나타납니다.

다음으로, 제자들을 위해서, 제자들이 장차 올 영광을 믿게 하시려고 이런 응답을 주셨습니다. 베드로는 나이가 많이 들고 나서도 이때 본 것을 자주 되돌아보았습니다.

"지극히 큰 영광 중에서 이러한 소리가 그에게 나기를 이는 내 사랑하는 아들이요 내 기뻐하는 자라 하실 때에 그가 하나님 아버지께 존귀와 영광을 받으셨느니라 이 소리는 우리가 그와 함께 거룩한 산에 있을 때에 하늘로부터 난 것을 들은 것이라"(벧후 1:17-18).

형제 여러분, 베드로는 이제 할아버지가 다 됐는데도, 그날 밤 다볼 산에서 목격한 장면을 되돌아보지 않습니까? 이것은 제자들에게 그리스도께서 마침내 일을 다 이루시어 영광을 받으시고, 자기네도 그리스도 안에서 영광을 받으리라는 달콤한 확신을 주었습니다. 아, 형제 여러분, 그리스도께서 지금 영광 가운데 계신다는 것은 여러분과 제게도 달콤한 확신을 줍니다. 그리스도의 옷은 지금 빛과 같이 하얀데, 이 옷이 바로 그리스도께서 여러분과 저에게 제안하시는 것입니다. "내가 너를 권하노니 불로 연단한 금을 사서 부요하게 하고 흰 옷을 사서 입어 벌거벗은 수치를 보이지 않게 하……라"(계 3:18). 그러니까 이 기도 응답은 우리를 위해서도 주신 것입니다.

또 다른 기도 응답이 있었습니다. "문득 두 사람이 예수와 함께 말하니 이는 모세와 엘리야라 영광 중에 나타나서 장차 예수께서 예루살렘에서 별세하실 것을 말할새." 이 말씀을 누가복음 22장 43절 말씀과 견주어 봅시다. "천사가 하늘로부터 예수께 나타나 힘을 더하더라." 보시다시피 겟세마네에서는 천사가 하늘에서 내려와 예수님께 힘을 보탰습니다. 다볼 산 마루에는 구속받은 두 죄인이 나타났습니다. 저는 이 기도 응답도 예수님 자신과 제자들을 위해서 왔다고 믿습니다. 저는 이것이 "아버지여 내게 주신 자도 나 있는 곳에 나와 함께 있어……나의 영광을 그들로 보게 하시기를 원하옵나이다"(요 17:24) 하신 기도의 응답이었다고 믿습니다. 이것이 그리스도께 일을 다 이루리라는 얼마나 큰 확신을 주었겠습니까! 아버지께서는 그리스도께서 다 이루실 일을 근거로 이들을 하늘로 받아 주셨습니다. 그리고 이것은 제자들에게도 달콤한 확신을 주었습니다. 이들은 그리스도께서 죄인들을 구원하실 수 있다는 것을 배웠고, 또 영광 가운데 있는 성도들이 "예수께서 예루살렘에서 별세하실 것"을 말하기 좋아한다는 것도 배웠습니다.

형제 여러분, 여기서 교훈을 하나 배웁시다. 곧, 구속받은 사람들은 예수님이 예루살렘에서 별세하신 일을 이야기하기 좋아한다는 것입니다. "죽임을 당하신 어린 양은……찬송을 받으시기에 합당하도다"(계 5:12) 하고 노래하기를 좋아합니다. 아, 이 세상을 자기 분깃으로 삼으려는 사람들이 있습니다. 이들은 예수님이 예루살렘에서 별세하신 일을 이야기하기 좋아하지 않습니다. 아, 형제 여러분, 이것은 여러분이 구원받지 않았다는 증거입니다. 형제 여러분, 한번 생각해 보십시오. 여러분이 새 예루살렘에서 구속받은 사람들이 부르는 노래를 부르고 싶어 할지,

아니면 땅으로 다시 돌아가고 싶어 할지. 아, 더러운 몽상가 여러분, 땅을 더 좋아하는 사람이 새 예루살렘의 황금 길을 어찌 걸을 수 있겠습니까(계 21:21)? 그럴 수 없습니다. "무엇이든지 속된 것이나 가증한 일 또는 거짓말하는 자는 결코 그리로 들어가지 못하되"(계 21:27).

4. 이제 네 번째로 세 제자를 눈여겨봅시다

"베드로와 및 함께 있는 자들이 깊이 졸다가." 이들의 죄를 잘 보십시오. 이들은 피곤해서 잠이 들었습니다. 아니, 이렇게 큰 영광이 그리스도를 감싸고 있는데, 잠이 들다니요! 구속받은 두 사람이 하늘에서 내려와 그리스도와 이야기하고 있는데, 잠이 들다니요! 아, 주님, 사람이 무엇입니까? 티끌일 뿐입니다. 아, 형제 여러분, 이것은 은혜의 수단만 가지고는 안 된다는 것을 보여 주지 않습니까? 이들이 잠들지 않게 지켜 줄 만한 것이 있었다면, 틀림없이 이것이었을 것입니다. 그런데 겟세마네에서 잠들었던 것과 꼭 마찬가지로 다볼에서도 잠이 들었습니다. 이들은 그리스도께서 고뇌하실 때에도, 그리스도께서 영광 가운데 계실 때에도 잠이 들었습니다. 여러분은 이런 말을 자주 합니다. '이런 특권만 있었으면, 거룩해졌을 텐데.' '믿을 만한 교회만 다녔으면, 거룩해졌을 텐데.' 이 세상에 있는 어떤 규례로도 안 됩니다. 은혜, 오직 은혜로만 됩니다.

베드로가 얼마나 좋아했는지 잘 보십시오. "주여 우리가 여기 있는 것이 좋사오니." 많은 사람이 거기 있는 것을 못 견뎠을 것입니다. 여러분 중에 많은 사람이 구속받은 사람들이 땅에서 나누는 대화를 못 견딥니다. 그런데 이들이 하늘에서 내려와 나누는 대화를 어떻게 즐길 수 있었겠습니까? 이것은 옛 사람과 새 사람을 함께 보여 줍니다. 옛 사람은 "우리가 초막 셋을 짓되" 하고 말합니다. 새 사람은 "주여 우리가 여기 있는 것이 좋사오니" 하고 말합니다. 그러니까 여러분도 여기에 있는 것이 좋다고 말할 수 있습니다.

5. 마지막으로 아버지의 응답을 눈여겨보십시오

"이 말 할 즈음에 구름이 와서 그들을 덮는지라 구름 속으로 들어갈 때에 그들이 무서워하더니 구름 속에서 소리가 나서 이르되 이는 나의 아들 곧 택함을 받은 자니 너희는 그의 말을 들으라 하고." 이것은 세 번째 기도 응답이었습니다. "이는 내 사랑하는 아들이요." 지극히 큰 영광 중에서 "이는 내 사랑하는 아들이요 내 기뻐하는 자라"는 소리가 날 때에, 그리스도께서는 아버지께 존귀와 영광을 받으셨습니다. 제자들은 산에서 내려왔을 때 그리스도의 말씀을 듣는 태도가 달라졌을 것입니다. 천국에서 뵈었던 분으로 그분의 말씀을 들었을 것입니다. 형제 여러분, 마찬가지로 여러분도 아버지께서 그리스도를 높이신 영광을 한 번이라도 볼 수 있다면, 듣는 태도가 달라질 것입니다. "내 양은 내 음성을 들으며……그들은 나를 따르느니라"(요 10:27). 우리는 언젠가 그리스도의 목소리를 들었고, 지금 그리스도를 따릅니다. 그리고 곧 그리스도의 목소리를 다시 들을 것이고, 그리스도 계신 곳에 있어 영원토록 그리스도를 따를 것입니다. 아멘.

2

사탄의 집

2. 사탄의 집

강한 자가 무장을 하고 자기 집을 지킬 때에는 그 소유가
안전하되 더 강한 자가 와서 그를 굴복시킬 때에는 그가 믿
던 무장을 빼앗고 그의 재물을 나누느니라(눅 11:21-22).

이 앞 구절에 보면 예수님이 벙어리 귀신을 쫓아내신 이야
기가 나옵니다. 이 기적을 본 몇몇 사람이 "그가 귀신의 왕
바알세불을 힘입어 귀신을 쫓아낸다"고 하니까, 예수님은
'사탄이 자기 종들을 내쫓을 만큼 그렇게 어리석지 않다.
그러니까 이 일은 하나님의 손길이 닿은 일이 틀림없다'
는 것을 똑똑히 보여 주셨습니다. "내가 만일 하나님의 손
을 힘입어 귀신을 쫓아낸다면 하나님의 나라가 이미 너희
에게 임하였느니라 강한 자가 무장을 하고 자기 집을 지킬

때에는 그 소유가 안전하되 더 강한 자가 와서 그를 굴복시킬 때에는 그가 믿던 무장을 빼앗고 그의 재물을 나누느니라."

이 말씀은 잃어버린 불쌍한 죄인이 회심하는 모습을 생생히 보여 줍니다. 먼저, 우리는 죄인의 상태가 무장한 거인이 지키는 집과 같다는 것을 볼 수 있습니다. 그래서 그 소유가 모두 안전합니다. 양심도 감정도 의지도 모두 고요하고 평온합니다. 그런데 불쑥 이 거인보다 더 강한 자가 찾아옵니다. 그 모습이 하나님의 아들 같습니다(단 3:25, 한글 KJV). 강하고 능한 여호와시요 전쟁에 능한 여호와십니다(시 24:8). 다윗이 블레셋 사람 골리앗을 굴복시켰듯이, 그분은 강한 자를 굴복시키시고, 그 무장을 빼앗으시고, 영혼에 들어가서서 거기 있는 모든 것을 손에 넣으십니다. 이것이 바로 여러분 중에 하나님의 자녀가 된 모든 분의 복된 자취입니다. 주께서 하루빨리 더 많은 사람에게 이런 자취를 남겨 주시길 빕니다.

1. 사탄의 모습

먼저, 여기서 사탄의 모습을 어떻게 그리고 있는지 생각해 보십시오. "강한 자가 무장을 하고." 사탄은 강한 자입니다. 이 사실을 보여 줄 만한 것이 많습니다. 성경은 사탄을 자주 별개의 존재로 이야기합니다. 성경에 보면 귀신들 이야기, 자기네 처음 상태를 지키지 못한 타락한 천사들 이야기가 자주 나옵니다. 그런데 성경에 훨씬 더 자주 나오는 이야기는 이들 위에 우뚝 선 별개의 한 존재가 있다는 것입니다. 성경은 그를 사탄 마귀라고 하고, 바알세불(마 12:24), 계명성(사 14:12), 큰 용과 옛 뱀(계 12:9), 악한 자(마 13:19; 요일 2:13), 시험하는 자(마 4:3), 대적(벧전 5:8)이라고 말합니다. 하나님과 그리스도의 큰 원수요, 믿는 사람의 큰 원수라고 이야기합니다. "내가 너로 여자와 원수가 되게 하고 네 후손도 여자의 후손과 원수가 되게 하리니 여자의 후손은 네 머리를 상하게 할 것이요 너는 그의 발꿈치를 상하게 할 것이니라"(창 3:15).

또 "임금"이라고도 하고, "신"이라고까지 말합니다. 예수님은 세 번이나 "이 세상(의) 임금"(요 12:31; 14:30; 16:11)이라고 하셨습니다. 바울은 에베소서에서 "공중의 권세 잡은 자……곧 지금 불순종의 아들들 가운데서 역사하는 영"(엡 2:2)이라고 했고, 고린도후서에서는 "이 세상의 신"(고후

4:4)이라고 했습니다. 이것은 사탄의 권세가 아주 크다는 것을 보여 줍니다. 비록 빼앗기기는 했지만 실재하는 그 지배권이 공중만큼 넓고, 참으로 온 세상에 두루 미친다는 것을 보여 줍니다.

또 사탄을 어떤 짐승에 견주는지 보면, 사탄이 "강한 자"라는 것을 알 수 있습니다. 성경은 사탄을 뱀과 견줍니다. 그 간교함이 다른 모든 짐승을 뛰어넘기 때문입니다. "뱀은 여호와 하나님이 지으신 들짐승 중에 가장 간교하니라"(창 3:1). 또 '숲속의 왕' 사자와 견줍니다. "나를 사자의 입에서 구하소서"(시 22:21). "너희 대적 마귀가 우는 사자 같이 두루 다니며 삼킬 자를 찾나니"(벧전 5:8). 또 "베헤못"(욥 40:15)이 사탄을 나타낸다고 생각한 사람들이 있습니다. "하나님이 만드신 것 중에 으뜸이라"(욥 40:19). "리워야단"(욥 41:1)도 사탄을 나타낸다고 생각한 사람들도 있습니다. "모든 교만한 자들에게 군림하는 왕이니라"(욥 41:34).

또 사탄이 다른 모든 귀신 위에 우뚝 선 것을 봐도, "강한 자"라고 한 말이 꼭 알맞다는 것을 알 수 있습니다. 마태복음 25장에 보면, "저주를 받은 자들아 나를 떠나 마귀와 그 사자들을 위하여 예비된 영원한 불에 들어가라"는 말씀이 나옵니다. 귀신들은 마귀의 것이고, 마귀의 종이고, 마귀의 비참한 노예입니다. 요한계시록에서는 이렇게 말합니다. "하늘에 전쟁이 있으니 미가엘과 그의 사자들이 용과 더불어 싸울새 용과 그의 사자들도 싸우나"(계 12:7).

또 계명성이라고 하는 데서도, 사탄은 "강한 자"로 나타납니다. "너 아침의 아들 계명성이여 어찌 그리 하늘에서 떨어졌……는고"(사 14:12). 계명성, 곧 샛별은 새벽에 속한 것이 아니라면 밤 행렬의 대단원을 장식하는,[2] 모든 별 중에 가장 밝은 별입니다. 이 모든 것을 볼 때, 사탄은 죄를 짓고 하늘에서 쫓겨나기 전까지 하늘에서 가장 눈부신 천사였던 것 같습니다. 샛별이 밤의 모든 행렬에서 그런 것처럼, 다른 어떤 천사보다 빛이 났습니다. 샛별이 태양 가장 가까이에서 빛나는 것처럼, 사탄도 하나님의 보좌에 가장 가까이 서 있었습니다. 그런데 이제 타락했습니다. 하나님과 영혼의 가장 큰 원수가 되었습니다. 우리가 사탄 이야기를 하면, 쉬이 비웃는 사람들이 있습니다. 아이들 겁주려고 지어낸 미신일 뿐이라고 생각하는 사람도 있습니다. 그러나 하나님의 자녀 된 여러분은 하나님의 말씀을

---

2 존 밀턴John Milton의 시, "실낙원" 5권 166-167행 인용.

받아들일 것이고, 그래서 사탄이 실제로 인격과 능력이 있다고 믿을 것입니다. 사탄이 이 세상에서 하는 일을 샛별의 빛을 보듯이 똑똑히 보기 때문입니다. "마땅히 율법과 증거의 말씀을 따를지니 그들이 말하는 바가 이 말씀에 맞지 아니하면 그들이 정녕 아침 빛을 보지 못하고"(사 8:20). "너희는 오만한 자가 되지 말라 너희 결박이 단단해질까 하노라"(사 28:22). 사탄은 강하기만 한 것이 아니라, 무장까지 했습니다. 옛 블레셋 장수, 가드 사람 골리앗이 완전무장을 했듯이, 사탄도 '머리끝부터 발끝까지' 무장을 했습니다. 공격과 방어 무기를 완벽하게 갖추었습니다.

사탄은 회심하지 않은 사람의 양심을 마비시킬 화인을 가졌습니다. "자기 양심이 화인을 맞아서"(딤전 4:2). 이것은 사탄이 갖춘 무시무시한 무기 중 하나입니다. 지금 이 설교를 듣는 분 중에 그 힘을 느끼신 분 안 계십니까? 마비된 양심은 하나님 말씀의 화살을 떨쳐내는 데서 그 가치가 놋 방패 천 개와 맞먹습니다. 우리는 여러분의 죄를 깨우치려고 자주 안간힘을 씁니다. 여러분이 얽매이기 쉬운 죄를 꼭 집어 가리키기까지 합니다. 그런 짓을 저지르는 사람은 하나님 나라를 유업으로 받지 못하리라는 것을 성경으로 보여 줍니다(갈 5:21). 여러분은 말씀을 귀로 듣고, 머리로 받아들입니다. 판단력이 살아납니다. 틀림없이 양심이 깨어나 여러분을 회개의 길로 이끌 것입니다. 아, 아닙니다! 여러분의 양심은 "화인"을 맞았습니다. 감각을 잃었습니다(엡 4:19, 새번역). 마비되었습니다. 죽었습니다!

사탄은 마음을 어둡게 할 수건을 가졌습니다. "그 중에 이 세상의 신이 믿지 아니하는 자들의 마음을 혼미하게 하여 그리스도의 영광의 복음의 광채가 비치지 못하게 함이니 그리스도는 하나님의 형상이니라"(고후 4:4). "수건이 그 마음을 덮었도다"(고후 3:15). 부드러운 무명천이 쇠갑옷보다 군인의 칼날을 훨씬 더 무력하게 한다는 말이 있습니다. 사탄의 수건도 마찬가지입니다. 사탄의 수건은 성령의 검날을 무디게 해서, 거짓에 속은 영혼이 짙은 어둠 속에서 빠져나오지 못하게 만듭니다. 우리는 멸망하는 죄인들의 보증인이신 임마누엘을 거듭 제시합니다. 그분의 본래 영광을 힘써 알리고, 그분의 사랑과, 우리 본성을 입으신 것, 죄책 있는 사람들을 대신해 고난 받으시고 죽으신 것, 자기에게만 올 모든 죄인에게 값없으신 것을 힘써 전합니다. 그분의 아름다움이 빛납니다. 여러분은 말씀을 귀담아 듣습니다. 복된 복음에 귀 기울일 때 놀랍니다. 여러분은 틀림없이 그 자리에서 세상에 등을 돌리고 그리스도께 피할 것입니다! 아, 아닙니다! 여러분은 그분한테서 고운 모양도 풍채도 보지 못합니다(사 53:2). 수건이 여러분의 마음을 덮었기 때문입니다. 이 세상 신이 여러분의 마음을 어둡게 했고, 여러분은 그의 손아귀에 그대로 있습니다!

사탄은 또 자신의 비참한 희생자를 맬 사슬을 가졌습니다. 여러분, 열여덟 해 동안 귀신 들려 앓은 여자 이야기를 들어 보지 않으셨습니까(눅 13:11)? 이 여자는 허리가 꼬부라져서 아예 펴지를 못했습니다. 예수님은 이 여자가 사탄에게 매였다고 하셨습니다. 회심하지 않은 영혼들도 마찬가지입니다. 이들은 사탄에게 매여서 꼬부라졌습니다. 열여덟 해 동안만 아니라, 날 때부터 쭉 그랬습니다. 그래서 당최 펴지를 못합니다. 이 설교를 듣는 분 중에도 보이지 않는 죄의 사슬에 매여 꼬부라진 것을 느끼시는 분 없습니까? 자신이 얼마나 강렬한 욕망의 비참한 노예인지 생각할 때 눈물 흘릴 수 있으신 분 없습니까? 여러분은 이것이 여러분의 몸과 영혼을 망가뜨린다고 느낍니다. 여러분의 명성과 신망, 여러분에게 소중한 모든 것을 망가뜨립니다.

여러분은 뜯어고치기로 합니다. 여러분이 맹세한 것을 틀림없이 지킬 것입니다. 아, 아닙니다! 개는 그 토하였던 것에 돌아가고 돼지는 씻었다가 더러운 구덩이에 도로 눕습니다(벧후 2:22). "구스인이 그의 피부를, 표범이 그의 반점을 변하게 할 수 있느냐 할 수 있을진대 악에 익숙한 너희도 선을 행할 수 있으리라"(렘 13:23).

사탄은 "성령의 검"(엡 6:17)까지 가져다 씁니다. "네가 만일 하나님의 아들이어든 뛰어내리라 기록되었으되 그가 너를 위하여 그의 사자들을 명하시리니 그들이 손으로 너를 받들어 발이 돌에 부딪치지 않게 하리로다"(마 4:6). 이것은 사탄이 가진 무기 중에 가장 위험천만한 무기입니다. 사탄은 이것을 하나님의 무기고에서 훔쳤습니다. 이 설교를 듣는 분 중에 사탄에게 속아서 성경을 이용하면서까지 죄 가운데 머물려고 하시는 분 없습니까? 성경을 억지로 풀다가 멸망을 자초하시는 분 없습니까(벧후 3:16)? 여러분은 말합니다. '내가 택함을 받았다면 구원받을 테고, 택함받지 못했다면 멸망하겠지. 그러니까 그냥 죄 가운데 사는 게 좋겠어.' 많은 사람이 이런 식으로 성경을 잘못 해석하고 잘못 적용해서 멸망으로 달려갑니다. '하나님은 긍휼이 많으시고 은혜로우시다고 성경에 쓰여 있어. 그러니까 결국은 우리를 구원해 주시겠지.' 또 다른 사람들은 이런 식으로 "큰 구원"(히 2:3)을 등한히 여기고, 자기들이 받을 파멸을 재촉합니다(벧후 2:1, 새번역). 사랑하는 영혼들이여, 깨어나십시오. 달아나 목숨을 건지십시오. 여러분은 강한 자에게 속고 있습니다. 공중의 권세 잡은 자가 불순종의 아들들인 여러분 가운데서 역사하고 있고(엡 2:2), 여러분을 영원한 멸망에 빠뜨리려고 여러분을 속이고 있습니다!

2. 회심하지 않은 영혼의 상태

이제 회심하지 않은 영혼의 상태를 생각해 봅시다. 이것은 궁궐[3]입니다. 으리으리한 대궐입니다. 흙으로 지어졌지만, 하나님이 손수 지으셨습니다. 그리고 그 코에 생기를 불어넣으시니 사람이 생령이 되었습니다(창 2:7). 사람은 하나님의 형상으로 지어졌고, 하나님이 한동안 그 안에 사셨습니다. 지각과 정서, 참으로 영혼의 모든 기능이 하나님을 모시기에 알맞게 만들어졌고, 온갖 더러운 새들의 소굴이

---

3   개역 성경에서는 이것을 '집'이라 옮겼는데, KJV 성경은 '궁궐(palace)'이라 옮기고 있다.

되었을지언정(계 18:2), 사람의 영혼은 다 허물어져 가는 상태에서도 여전히 궁궐입니다.

아, 죄인 여러분, 여러분의 본성이 본래 얼마나 존엄한지 생각해 보십시오! 여러분에게 아직 남아 있는 이 모든 고상한 기능의 주된 계획과 목적을 생각해 보십시오. 하나님을 예배하기 위해 세워진 잉글랜드의 옛 대성당들이 죄다 쐐기풀밭이 되고 들짐승 소굴이 된 것을 본다면, 참 서글프지 않겠습니까? 하물며 하나님을 예배하기 위해 지어진 사람의 영혼이 온갖 악한 정욕의 거처가 되고, 참으로 사탄의 궁궐이 된 것을 본다면, 얼마나 더 슬프겠습니까!

사람의 영혼은 이제 사탄의 궁궐이고, 사탄이 지킵니다. "지금 불순종의 아들들 가운데 역사하는 영"이 거기에 삽니다. 사탄은 회심하지 않은 영혼 안에서 자기가 하고 싶은 대로 하고 삽니다. 마음대로 드나들고, 아무 손님이나 데려옵니다. 자기가 다스리기 때문입니다! 사탄은 이 궁궐을 튼튼하게 지켜서 그리스도가 쳐들어오지 못하게 하려고 할 수 있는 일을 다 합니다. 사람의 마음을 진리와 거룩에 둔감하게 하는 온갖 편견은 사탄이 자기 궁궐을 지키려고 세우는 보루입니다. 이 궁궐은 사탄의 '수비대'입니다.

아, 사랑하는 회심하지 않은 영혼들이여, 이것이 여러분의 실상입니다. 참 암울한 상태 아닙니까?

그리스도인은 하나님의 능력으로 보호를 받지만(벧전 1:5), 여러분은 사탄의 능력으로 보호를 받습니다. 그리스도인은 그 안에 하나님의 성령이 사시지만, 여러분 안에는 마귀의 더러운 영이 삽니다! 여러분이 어떻게 될지 한번 보십시오. 마귀가 여러분 마음속에 아무 더러운 영이나 마음대로 데리고 들어갈지 모릅니다. 여러분은 줄곧 마귀에게 열려 있을 것이고, 마귀를 환영할 것입니다. 물론 여러분은 '당신의 개 같은 종이 무엇이기에 이런 큰일을 행하오리이까'(왕하 8:13) 하고 묻겠지만, 잠깐이라도 생각해 본다면, 여러분이 끌려 들어가지 않은 죄가 없다는 것을 알 것입니다. 여러분은 마귀의 손아귀에 꽉 붙들려 있기 때문입니다. 여러분이 지금 질색하는 정욕이 또다시 좋아질 수 있고, 여러분은 한 걸음 한 걸음 끌려 들어가 마침내 구원을 체념하기에까지 이르러, 여러분의 비참한 생을 자살로 마감하게 될지도 모릅니다. 회심하지 않은 영혼은 한시도 안전하지 않습니다. 그것이 바로 마귀가 좋아하는 일이기 때문입니다. 회심하지 않은 영혼은 마귀의 지휘와 통솔을 받는 데 굴복해야 하고, 마귀의 불경한 뜻을 따르는 데 굴복해야 합니다!

회심하지 않은 영혼은 또한 그 소유가 안전합니다. 하나님이 거하시기에 알맞았던 그 마음은 마귀의 "궁궐"이 되었고, 영혼의 능력과 기능은 죄다 마귀의 "소유"가 되어 죄를 섬기는 데 쓰입니다. 회심하지 않은 영혼의 궁궐은 마귀가 무장한 강한 자로서 지키는 동안 나름 평온합니다. 죄인은 자신을 좋게 생각해서, 마음이 아주 편안하고 즐겁습니다. 자신의 상태가 좋다고 굳게 믿고, 다가올 심판을 조금도 두려워하지 않습니다. 자신을 대견하게 여기고, 자신에게 평화를 외칩니다. 죄인의 양심은 더없이 고요합니다. 우리가 아무리 말씀을 똑 부러지게 전하고, 여러분이 아무리 하나님 백성처럼 하나님 집에 나와 하나님 백성처럼 앉아 있을지라도, 사탄이 여러분 안에서 다스린다면, 여러분의 양심은 "벙어리 귀신"(눅 11:14, 개역 한글)이나 다름없을 것입니다.

이것이 바로 여러분 대부분이 말씀을 들어도 아무 감응이 없고, 올 때보다 더 완고해져서 가는 까닭입니다. 여러분의 양심은 평안합니다. 나락으로 가는 평안입니다! 감정도 평안합니다. 감정이 모두 죄에 단단히 매여서 그리스도께로, 하나님께로 움직이지 않습니다. 사슬에 아주 단단히 매인 사람은 움직일 수가 없습니다. 꿈쩍도 못합니다. 여러분 중에 그리스도 없는 영혼들도 마찬가지입니다. 여러분의 마음은 모두 평안합니다. 여러분의 의지 자체가 매여서, 평강이 없는데도 "평강하다, 평강하다" 말합니다(렘 6:14). 여러분은 여전히 앉아서 편히 쉽니다. 이것이 좋은 상태입니까? 아, 아닙니다! 평안한 상태일지라도, 무덤 속에 있는 평안입니다! 죽은 사람의 평안입니다. 언젠가 끝날 평안입니다. "내가 등불을 들고 예루살렘을 뒤져서 가라앉은 찌꺼기 같은 자들을 벌할 것이니"(습 1:12, 바른성경). 마귀가 지금은 여러분을 평안히 지켜 줄지 모릅니다. 그러나 여러분과 마귀가 불에 던져질 날이 올 것입니다. 거기에도 평안이 있을까요? 아, 없습니다! 그때는 잠시도 평안이 없고, 안식도 위로도, 혀를 축일 물 한 방울조차도 없을 것입니다. 아, "평강의 왕"(사 9:6)께서 지금 여러분의 거짓된 평강을 깨뜨리시고, 사탄의 평강 대신 "하나님의 평강"(빌 4:7)을 주시기를 바랍니다!

3. 그리스도께서 찾아오심

이제 끝으로 무장한 강한 자보다 더 강한 자가 찾아온 것을 생각해 보겠습니다. 그리스도께서 이 강한 자보다 더 강하시다는 것은 여러 면으로 밝힐 수 있을 것입니다.

그리스도께서는 그의 창조주이십니다. 하늘과 땅에 있는 만물이 그리스도에게서 창조되었습니다(골 1:16). 계명성은 가장 높고 밝은 아침의 아들이었지만, 저절로 생겨나지 않았습니다. 그리스도의 창조하시는 손에서 나왔습니다. 그리스도께서 손수 만드신 피조물이었습니다. 그리스도께서는 사자와 뱀보다, 베헤못과 리워야단보다 크신 것처럼(다 그리스도께서 손수 지으신 작품인 까닭에), 사탄보다도 크십니다! 그리스도께서 '있으라'고 하시니까, 있었습니다! 그러니까 그리스도께서 마귀보다 크신 것은 그를 빛의 천사로 지으신 까닭입니다.

그리스도께서는 죽으실 때에도 마귀보다 강하셨습니다. 그리스도께서 죽으실 때는 어둠의 때요 어둠의 권세였습니다(눅 22:53). 사탄은 그때 있는 힘을 다했지만, 그리스도의 발꿈치밖에 상하게 하지 못했습니다(창 3:15). 사탄은 유다한테 들어가 그리스도를 팔아넘기게 했고, 유대인들을 부추겨 "그를 십자가에 못 박게 하소서 십자가에 못 박게 하소서"(눅 23:21) 하고 소리 지르게 했습니다. 바산의 힘 센 소들이 둘러쌌습니다(시 22:12). 개들이 에워쌌습니다(시 22:16). 사탄이 으르렁대며 찢어발기는 사자처럼 그리스도께 입을 쩍 벌렸지만(시 22:13, 새번역), 참으로 깊은 연약함 가운에 있었을 그때조차, 그리스도는 사탄보다 강하셨습니다. 사람이 아니라 벌레 같았을 때조차(시 22:6), 무장한 강한 자보다 강하셨습니다. 죽음으로 죽음의 세력을 잡은 자 마귀를 멸하셨기 때문입니다(히 2:14). 그리스도께서는 십자가에서조차 마귀를 이기셨습니다.

회심의 때에도 예수님은 사탄보다 강하십니다. 예수님은 마귀의 소유가 안전할 때, 마귀가 그것이 영원히 다 자기 것으로 생각할 때, 느닷없이 들이쳐 그를 굴복시키십니다. 그뿐만 아니라, 곧이어 그가 믿던 무장을 빼앗으심으로 당신의 승리를 확증하십니다. 영혼을 사로잡은 죄와 부패의 권세가 깨지고, 잘못이 바로잡히고, 눈이 열리고, 마음이 낮아지고 달라지며, 진지하고 신령해질 때, 그때 사탄의 무장이 해제됩니다. 그리스도는 사탄보다 강하십니다. 사탄을 굴복시키실 뿐 아니라, 사탄의 무장을 빼앗으시기 때문입니다.

그리스도께서 열여덟 해 동안 꼬부라진 여자에게 안수하시자, 사탄의 모든 권세가 더는 이 여자를 짓누를 수 없었습니다. 사탄은 이 여자를 오랫동안 매고 있었지만, 그리스도께서 "여자여 네가 네 병에서 놓였다"(눅 13:12)고 말씀하시자, 더는 매고 있을 수 없었습니다. 마찬가지로 그리스도께서 죄인의 양심을 찌르시고, 은혜와 간구의 영을 부어 주실 때(슥 12:10), 마비시키는 "화인"은 이제 감각 없고 관심 없게 할 수 없습니다. 영혼은 슬퍼합니다. 그 소유가 더는 안전하지 않습니다. 각성한 죄인은 "내가 어떻게 하여야 구원을 받으리이까?"(행 16:30) 하고 소리칩니다.

또 그리스도께서 수건을 찢으시고, 영혼에 자신을 나타내시고, '나는 네 형제 요셉이다! 네 보증인이요 네 죄를 짊어진 자다! 내게 오는 자를 내가 결코 내쫓지 않겠다'(창 45:4; 요 6:37) 말씀하십니다. 사탄은 이제 마음을 어둡게 할 수 없습니다.

또 그리스도께서 사슬을 끊으시고 죄수를 풀어 주십니다. 사탄은 그분을 막을 수 없습니다. 그리스도께서 당신의 영을 마음속에 두시니, 주의 영이 계신 곳에는 자유가 있습니다(고후 3:17). "아들이 너희를 자유롭게 하면 너희가 참으로 자유로우리라"(요 8:36). 여러분 중에 옷을 입고 정신이 온전하여 예수님 발치에 앉게 된 사람이 있습니까(눅 8:35)? 그렇다면 여러분은 예수님이 사탄보다 강하시다는 것을 여러분의 복된 체험으로 알고 느끼는 사람입니다. 다시 사탄의 노예가 될까 봐 겁먹지 마십시오. 여러분의 구원자께서 "구원하는 능력"(사 63:1)이 있으시다는 것을 친히 증명하실 것이기 때문입니다. 그분은 끝끝내 이기실 것입니다! 여러분의 원수도 강하고 힘이 세지만, 그리스도는 더욱 강하십니다. "전능하신 주"(고후 6:18)이시기 때문입니다. 우리를 위하시는 그분이 우리를 대적하는 모든 것보다 더 크십니다. 사탄은 힘이 세고, 쉴 새 없이 뛰어다니고, 악의가 가득합니다. 그러나 예수님은 자기를 힘입어 하나님께 나아오는 모든 사람을 죄와 세상에서만 아니라 마귀에게서도 온전히 구원하실 수 있습니다(히 7:25).

인내로 우리 영혼을 얻읍시다(눅 21:19). 예수님은 지금도 살아 계시니, 사탄이 당신 손에서 우리를 빼앗지 못하게 하실 것입니다(요 10:28). 예수님은 지금도 살아 계시니, 곧 다시 오셔서 우리를 "악한 자의……불화살"(엡 6:16)에서 온전히 구원하실 것입니다. 큰 쇠사슬이 준비되어 있습니다(계 20:1). 사탄은 언젠가 매일 것입니다. "평강의 하나님께서 속히 사탄을 너희 발아래에서 상하게 하시리라"(롬 16:20).

그리스도께서는 또한 재물(전리품)을 나누십니다. 전쟁이 끝나면 이긴 사람들은 전리품을 한데 모아 놓고 나누는 것이 관례였습니다. 이 말인즉슨 그리스도께서 모든 것을 손에 넣으실 것이라는 뜻입니다. 몸과 마음의 모든 자질, 전에 죄와 사탄을 섬기는 데 쓰였던 재산과 능력과 소유가 이제 그리스도를 섬기는 데로 돌이켜 그리스도를 위해 쓰입니다. 그러나 이것이 다가 아닙니다. 그리스도께서는 당신을 따르는 사람들에게 그것을 나누어 주시고, 사탄을 이기신 까닭에 그 승리의 혜택을 믿는 모든 사람에게 베푸십니다.

친구 여러분, 중요한 물음은 이것입니다. 그리스도께서 여러분의 마음을 완전히 손에 넣으셨습니까? 전리품을 나누셨습니까? 여러분은 한때 사탄의 권세 아래 있었습니다. 여러분, 주인을 바꾸셨습니까? 여러분 중에 이렇게 말할 수 있는 사람은 복됩니다. "그가 높은 곳에서 손을 펴사

나를 붙잡아 주심이여 많은 물에서 나를 건져내셨도다 나
를 강한 원수와 미워하는 자에게서 건지셨음이여 그들은
나보다 힘이 세기 때문이로다"(시 18:16-17).

존 뉴턴John Newton이 눈이 어두워 글을 읽을 수 없을
때, 동료 노(老)목사가 찾아왔습니다. 가족 기도회 때, "내
가 나 된 것은 하나님의 은혜로 된 것이니"(고전 15:10) 하
는 말씀이 담긴 부분을 읽었습니다. 다 읽고 나자, 뉴턴이
잠깐 뜸을 들이더니 이렇게 덧붙였습니다. "저는 제가 돼
야 할 대로 되지 못했습니다. 아, 얼마나 흠과 티가 많은
지! 저는 제 소원대로 되지 못했습니다. 저는 악을 미워하
고, 선을 굳게 붙들려고 했습니다(롬 12:9, 쉬운 성경). 그런
데 제 바람대로 되지 못했습니다. 이제 곧 저는 죽을 몸을
벗을 것입니다. 죽을 몸과 더불어 죄와 흠도 모두 벗을 것
입니다. 그렇지만 제가 돼야 할 대로 되지 못하고, 제 바람
대로, 제 소원대로 되지 못했을지라도, 저는 진실로 이렇
게 말할 수 있습니다. 저는 이전의 제가 아닙니다. 죄와 사
탄의 노예가 아닙니다. 저는 사도 바울과 함께 '내가 나 된
것은 하나님의 은혜로 된 것이라'고 진심으로 고백할 수 있
습니다."

사랑하는 친구 여러분, 이처럼 하나님의 회심하게 하시는 은혜를 체험한 적 있으십니까? 그리스도의 전능하고, 승리하고, 구원하는 은혜의 빼어난 능력을 조금이라도 아십니까? 사탄이 그리스도의 회심하게 하시는 능력으로 쫓겨났습니까, 아니면 나중에 "저보다 더 악한 귀신 일곱"(눅 11:26)을 데리고 돌아오려고 제 발로 걸어 나갔을 뿐입니까? 이것이 형식뿐인 위선자의 상태입니다. 여기에 그 명암이 나타납니다. 위선자의 마음은 여전히 마귀의 집입니다. 마귀가 "내 집"(눅 11:24)이라고 말하고, 여전히 그 소유권을 쥐고 있습니다. 그런데도 더러운 귀신은 나갔습니다. 회심하게 하시는 은혜의 능력으로 내쫓긴 것은 아니지만, 잠깐 나갔고, 잠깐 물러났습니다. 그래서 이 사람은 전처럼 사탄의 권세 아래 있지 않은 듯 보이고, 사탄의 시험도 뒤따르지 않을 듯 보입니다. 사탄은 나갔습니다. 곧, 자기를 광명의 천사로 바꾸었습니다(고후 11:14).

게다가 집은 일반 오염이 쓸립니다.[4] 바로처럼 억지로

---

4 개역 성경은 눅 11:25 말씀을 '그 집이 청소되고 수리되었다'라고 옮기고 있는데, KJV 성경은 이것을 "swept and garnished"라고 옮기고 있다. 'sweep'은 청소한다는 말도 되겠지만, 바닥 따위를 쓴다는 뜻이 강하다. 'garnish'는 꾸민다, 단장한다는 뜻이다.

죄를 자백하고, 아합처럼 거짓으로 죄를 통회하고, 헤롯처럼 일부를 뜯어고칩니다. 세상의 더러움을 피하고도(벧후 2:20), 여전히 "이 세상의 신"(고후 4:4)의 권세 아래 있는 사람들이 있습니다. 집이 쓸리기는 하지만, 닦이지는 않습니다. 그리스도께서는 "내가 너를 씻어(닦아) 주지 아니하면 네가 나와 상관이 없느니라"(요 13:8)라고 하셨습니다. 집, 곧 마음은 닦여야 합니다. 그렇지 않으면 그리스도와 아무 상관이 없습니다. 쓰는 것, 곧 겉을 고치는 것은 겉에 있는 먼지만 떨어낼 뿐입니다. 하지만 얽매이기 쉬운 사랑하는 죄는 그대로 있습니다. 세상눈에 띄는 죄는 삶에서 쓸리지만, 마음에 숨겨진 때는 샅샅이 살펴져 닦이지 않습니다.

또 집은 일반 은사와 은혜로 꾸며집니다. 마술사 시몬은 믿음으로 꾸며졌고, 발람은 선한 바람으로, 헤롯은 요한에 대한 존중으로, 바리새인들은 겉으로 보이는 수많은 행실로 꾸며졌습니다. 집은 꾸며지지만, 소유권은 바뀌지 않습니다. 그리스도께 굴복된 적도, 성령님이 거하신 적도 없습니다. 그러니까 어떤 사람이 이를 수 있지만 모자란 상태에 머물지 않도록 조심합시다!

형식으로만 신앙고백을 하는 사람은 결국 배교자로 끝

을 맺고 맙니다. 마음대로 나간 마귀는 자기보다 더 악한 일곱 귀신을 멋대로 데리고 들어옵니다. 이 귀신들이 회칠한 고백자의 마음에 들어와 거하니 이 사람의 나중 형편이 전보다 더 심하게 되었습니다(눅 11:26). 외식은 배교로 가는 지름길입니다! 마음이 여전히 죄와 사탄을 위한다면, 가장 아름다운 경건의 고백도 물거품이 되고 말 것입니다. 좋은 신앙고백이라는 탈을 쓰고 자꾸 몰래 죄를 지으면, 양심은 부패하고, 하나님은 노하셔서 억제하시는 은혜를 거두어 가십니다. 은밀하고 형식뿐인 위선자는 버젓한 배교자로 드러나기 쉽습니다. 이런 사람의 나중 형편은 죄에서나 형벌에서나 전보다 더 심합니다. 배교자는 대개 가장 악한 사람입니다. 가장 허탄하고 방탕하며, 가장 겁이 없고 대담합니다. 양심에 화인을 맞아서, 그 죄가 다른 누구보다 더 악화됩니다.

하나님은 이 세상에서 이들에게 자주 진노를 내리십니다. 그리고 이들은 다음 세상에서 더 큰 심판을 받을 것입니다(약 3:1). 그러니까 듣고 떱시다. 우리의 온전함을 굳게 지킵시다(욥 2:3). "근신하라 깨어라 너희 대적 마귀가 우는 사자 같이 두루 다니며 삼킬 자를 찾나니 너희는 믿음

을 굳건하게 하여 그를 대적하라"(벧전 5:8-9). "끝으로 너희
가 주 안에서와 그 힘의 능력으로 강건하여지고 마귀의 간
계를 능히 대적하기 위하여 하나님의 전신 갑주를 입으라"
(엡 6:10-11).

3

들어가기를 힘쓰라

3. 들어가기를 힘쓰라[5]

어떤 사람이 여짜오되 주여 구원을 받는 자가 적으니이까 그들에게 이르시되 좁은 문으로 들어가기를 힘쓰라 내가 너희에게 이르노니 들어가기를 구하여도 못하는 자가 많으리라 집 주인이 일어나 문을 한 번 닫은 후에 너희가 밖에 서서 문을 두드리며 주여 열어 주소서 하면 그가 대답하여 이르되 나는 너희가 어디에서 온 자인지 알지 못하노라 하리니 그때에 너희가 말하되 우리는 주 앞에서 먹고 마셨으며 주는 또한 우리를 길거리에서 가르치셨나이다 하나 그가 너희에게 말하여 이르되 나는 너희가 어디에서 왔는지 알지 못하노라 행악하는 모든 자들아 나를 떠나가라 하리라 너희가 아브라함과 이삭과 야곱과 모든 선지자는 하

5   1838년 12월 9일, 던디(Dundee)에 있는 성 베드로 교회에서 한 설교

나님 나라에 있고 오직 너희는 밖에 쫓겨난 것을 볼 때에 거기서 슬피 울며 이를 갈리라 사람들이 동서남북으로부터 와서 하나님의 나라 잔치에 참여하리니 보라 나중 된 자로서 먼저 될 자도 있고 먼저 된 자로서 나중 될 자도 있느니라 하시더라(눅 13:23-30).

당장 그리스도께 들어가야 하는 까닭

1. 문이 좁기 때문입니다

그리스도께서는 전에 산상 설교에서 그 까닭을 이렇게 가르쳐 주셨습니다. "좁은 문으로 들어가라……생명으로 인도하는 문은 좁고 길이 협착하여 찾는 자가 적음이라"(마 7:12-13).

1) 들어가기가 쉽지 않습니다.

좁은 문은 찾기 힘든 문입니다! 또 찾았다고 해도 들어가기가 쉽지 않습니다. 그리스도께도 마찬가지입니다. 그리스도께 들어가는 것은 쉬운 일이 아닙니다. 이제껏 그리스도께 인도받은 모든 사람이 '그리스도께 들어가는 것은 쉬운 일이 아니다. 하나님만이 나를 들여보내 주실 수 있었다'라고 말할 것입니다. 어떤 사람은 구원을 받기가 쉽다고 생각합니다. 그냥 어떤 생각을 하고, 죄를 조금 슬퍼하고, 눈물 몇 방울 흘리고, 기도 몇 마디 하면 된다고 생각합니다. 아플 때나 죽기 전에 얼마든지 받아 낼 수 있으리라 생각합니다. 자, 저는 문이 좁고, 낙타가 바늘귀로 들어가는 것이 부자가 하나님 나라에 들어가기보다 쉽다고 말씀드리겠습니다(눅 18:25). 이 좁은 문으로 들어가게 되는 것은 세상에서 가장 놀라운 일입니다. 사람으로는 할 수 없지만, 하나님으로서는 다 하실 수 있습니다(마 19:26). 그렇다면 오늘 시작하십시오. 미루지 마십시오. 이제껏 나이 들어서 들어간 사람은 드뭅니다. 좁은 문으로 들어가기를 힘쓰십시오.

2) 한꺼번에 많이 못 들어갑니다.

떼를 지은 무리가 아주 좁은 문 앞에 이르면, 한 번에 한 사람씩만 들어가기로 합니다. 회심할 때도 마찬가지로, 한 사람씩 들어가야 합니다. 죽음의 문도 좁아서 친구랑 같이 들어갈 수 없습니다. 문턱까지는 같이 가더라도, 그 뒤로는 헤어져서 혼자 들어가야 합니다. 그리스도께 들어갈 때도 마찬가지입니다. 이것은 좁은 문입니다. 여러분 혼자 믿어야 합니다. 친구들이 여러분을 좁은 문으로 데리고 들어가려고 애를 많이 쓰고, 목사들도 여러분을 끌고 들어가려고 애쓰지만, 여러분은 혼자 들어가야 합니다. 아, 그렇다면 좁은 문으로 들어가기를 힘쓰십시오.

3) 교만한 생각, 자신이 의롭다는 생각을 품고서는 못 들어갑니다.

여러분, 돌이켜 어린아이와 같이 되어야 합니다(마 18:3). 너무 커서 흘러내리는 옷을 입고는 아주 좁은 문 틈새기로 들어갈 수 없습니다. 옷이 걸려서 못 들어갑니다. 마찬가지로 자기 의로 옷을 입고는 좁은 문으로 들어갈 수 없습니다. 돌이켜 어린아이와 같이 되지 않으면, 결단코 하나님 나라에 들어가지 못할 것입니다. 여러분 중에 거의 모든 사람이 하나님 나라에서 얼마나 멉니까? 여러분은 교만한 생각, 자신이 의롭다는 생각을 가지고 태어났습니다. 이런 생각이 여러분에게 덕지덕지 달라붙어서 여러분을 들여보내 주지 않을 것입니다. 여러분, 어린아이와 같이 작아져야 합니다. 추악하고 잃어버린 죄인인 자신을 봐야 하고, 온전하고 값없으신 구주 그리스도를 봐야 합니다. 그렇지 않으면 좁은 문으로 못 들어갑니다.

이곳에 무슨 소망이 있습니까? 여러분은 그리스도에 대해, 여러분 자신에 대해 오랜 시간 많은 이야기를 들었습니다. 그런데도 여전히 우쭐거리고 자신을 의롭게 여깁니다. 아, 여기 계신 거의 모든 분이 좁은 문으로 아예 못 들어갈까 봐 두렵습니다.

2. 문이 곧 닫힐 것이기 때문입니다

"집 주인이 일어나 문을 한 번 닫은 후에." 본문은 복음을 하나님이 마련하신 혼인 잔치에 빗댑니다. 하나님은 문을 활짝 열어 두고서, 만민에게 종들을 보내어 "모든 것을 갖추었다"(마 22:4)는 소식을 전하게 하십니다. 그러나 집 주인이 일어나 문을 닫을 시간이 가까이 왔고, 이제 다시는 혼인 잔치에 들어가지 못할 것입니다.

1) 홍수 때도 그랬습니다.

방주는 백이십 년 동안 문을 활짝 열고 서서 '이리로 들어와 장차 올 진노를 피하라'고 하며 죄인들을 초대했습니다. 그러나 때가 되자 집 주인이 일어나 문을 닫았습니다. 하나님은 노아는 안으로 들여보내시고, 나머지 세상은 밖에 내버려 두신 채로 문을 닫으셨습니다.

2) 도피성도 마찬가지입니다.

그 문이 밤낮으로 열려 있어, 살인자가 그리로 피할 수 있었습니다. 그러나 구주가 오시면, 문이 닫힐 것이고, 다시는 죄인들이 도피처를 찾지 못할 것입니다.

3) 양 우리도 마찬가지입니다.

그리스도께서는 "내가 문이니 누구든지 나로 말미암아 들어가면 구원을 받고 또는 들어가며 나오며 꼴을 얻으리라"(요 10:9)고 말씀하십니다. "적은 무리"(눅 12:32)가 다 모이면, 목자장이 나타나 문을 닫으실 것입니다(벧전 5:4).

어떤 사람은 걱정하며 반문할지 모릅니다. '저한테는 벌써 문이 닫혔으면 어쩌죠?'

아닙니다. 집 주인이 일어나기 전까지는 열려 있습니다. 그리스도께서 아직 하나님 우편에 앉아 계십니다. 아직 문이 활짝 열려 있습니다. 방주 문은 홍수가 나기 전까지 열려 있었습니다. 하나님 나라 문은 그리스도께서 일어나실 때까지 열려 있을 것입니다. 문이 담벼락까지 활짝 열려 있습니다. 휘장이 위에서부터 아래까지 찢어졌습니다. 그리스도께서는 '내가 문이었다'고 하시지 않고, '내가 문이다. 그러니까 누구든지 나로 말미암아 들어오라'고 말씀하십니다. 물론 여러분은 오랫동안 열린 문을 거부했고, 좁은 문을 피했습니다. 그래도 여러분은 "누구든지"에 들어갑니다.

하지만 잊지 마십시오. 문이 곧 닫힐 것입니다. 그리스도께서 일어나시는 순간 닫혀서 다시는 안 열릴 것입니다. 그리스도께서 하늘 구름을 타고 오시는 순간, 영원히 닫힐 것입니다. 순식간에 싹 닫힐 것입니다. 새가 올무에 걸리듯이, 집에 도둑이 들듯이, 아이를 밴 여인에게 진통이 오듯이, 구주께서도 그렇게 일어나실 것입니다. 문이 닫히고, 쿵 하고 문이 닫히는 소리가 잠자는 세상에 울려 퍼질 것입니다.

잊지 마십시오. 지금은 문이 열려 있습니다. 누구든지 들어가면 구원을 받을 것입니다. 그러나 저는 하루 뒤나, 한 시간 뒤나, 일 분 뒤라도 문이 열려 있으리라 장담할 수 없습니다. 아, 좁은 문으로 들어가기를 힘쓰십시오.

3. 그리스도께서 오실 때는 죄인의 걱정이 다 소용없을 것이기 때문입니다

"들어가기를 구하여도 못하는 자가 많으리라……너희가

밖에 서서 문을 두드리며……."

1) 지금 그리스도께 들어가기를 구하여도 들어가지 못하는 사람이 많습니다.

어떤 사람이 예수님한테 달려와서 꿇어앉더니 "선한 선생님이여 내가 무엇을 하여야 영생을 얻으리이까?"(막 10:17) 하고 물었습니다. 하지만 이 사람은 근심하며 갔습니다(막 10:22). 낙타는 바늘귀로 못 들어갑니다. 여러분도 마찬가지입니다. 많은 사람이 그리스도께 달려오지만 근심하며 떠나갑니다. 언젠가 자비하신 하나님이 벌벌 떠는 여인의 손을 붙잡고 소돔에서 끌고 나오셨지만, 이 여인은 뒤를 돌아보다가 소금 기둥이 되고 말았습니다(창 19:16, 26). 여러분 중에도 이런 사람이 많습니다. 여러분 중에 많은 사람이 깊은 감명을 받고 눈물을 흘리며 벌벌 떨었습니다. 그런데 오늘 소금 기둥입니다. 아, 다시 시작하십시오. 들어가기를 힘쓰십시오.

2) 이 말씀의 참뜻

그리스도 밖에 있는 모든 사람이 비로소 들어가기를 구할 날, 여러분 중에 기도하지 않고 믿지 않는 많은 영혼이 달려가 무릎을 꿇고 기도하고 벌벌 떨면서 "주여 주여 열어 주소서" 할 날이 다가오고 있습니다. 하지만 다 소용없습니다.

① 그날 그리스도 밖에 있는 사람들은 그리스도께서 지금 그들의 문으로 들어가기를 간절히 바라시는 만큼 그리스도의 문으로 들어가기를 간절히 바랄 것입니다. 여러분은 성경에서 그리스도에 대한 말씀을 읽습니다. 그리스도께서는 잃어버린 자를 찾아 구원하러 오셨고(눅 19:10), 잃어버린 양을 찾는 선한 목자이시고, 죄인의 마음속에 들어가려고 애쓰시는 분이라는 말씀을 읽습니다. 여러분, 그리스도께서 어떻게 죄인의 문 앞에 와서 문을 두드리시는지 보시지 않습니까? "볼지어다 내가 문 밖에 서서 두드리노니 누구든지 내 음성을 듣고 문을 열면 내가 그에게로 들어가⋯⋯리라"(계 3:20). '내가 문 밖에 섰다.' 그리스도께서는 문 밖에 서서 죄인의 마음 문을 두드리십니다. 또 그리스도께서 어떻게 소리치시고, 어떻게 설득을 거듭하시는지 보시지 않습니까? "사람들아 내가 너희를 부르며 내가 인자들에게 소리를 높이노라"(잠 8:4). "돌이키라 돌이키라⋯⋯어찌 죽고자 하느냐"(겔 33:11)?

사랑하는 영혼들이여, 이것이 바로 그날 여러분의 모습

을 보여 주는 그림입니다. 여러분이 문이 닫히기 전에 들어가지 않는다면, 여러분은 들어가기를 구하여도 들어가지 못할 것입니다. 그리스도께서 여러분의 문을 두드리신 것처럼, 여러분도 밖에 서서 그리스도의 문을 두드릴 것입니다. 그리스도께서 여러분에게 크게 소리치신 것처럼, 여러분도 그리스도께 크게 소리칠 것입니다. "주여 주여 열어 주소서." 그리스도께서 여러분에게 오랫동안 소리치신 만큼, 여러분도 그리스도께 오랫동안 소리칠 것입니다. "그때에 너희가 나를 부르리라 그래도 내가 대답하지 아니하겠고 부지런히 나를 찾으리라 그래도 나를 만나지 못하리니"(잠 1:28).

② 그날 그리스도 밖에 있는 사람들은 그들의 경건한 친구들과 목사들이 지금 그들의 문으로 그리스도를 모시고 들어가려고 애태우는 만큼 그리스도의 문으로 들어가려고 애태울 것입니다. 여러분 중에는 경건한 목사들과 친구들이 여러분을 구원하려고 애쓴다는 것을 아시는 분도 있습니다. 이들이 자꾸 밖에 서서 문을 연신 두들기며 '문 좀 열어 달라'고 보챕니다. 우리는 여러분을 공중 앞에서와 각 집에서 가르치고, 각 사람을 그리스도 예수 안에서 완전

한 자로 세우려고 각 사람을 권하고 각 사람을 가르칩니다
(행 20:20; 골 1:28). 우리가 가서 하나님과 화목하라고 권고
하면, 기분 나빠서 화를 내는 분들도 계십니다. 여러분 중
에 많은 사람이 그리스도의 일꾼이 다가오면 어떻게든 마
주치지 않으려고 애씁니다. 그러나 문이 닫힐 때 "주여 주
여 열어 주소서" 하고 소리치면서 그리스도를 찾을 사람들
이 바로 여러분입니다.

사랑하는 친구 여러분, 몇 년 뒤를 내다보십시오. 저는
벌써 그날이 온 듯 눈앞에 선합니다. 수습생은 자기 스스
로 일을 시작할 날을 손꼽아 기다립니다. 무역상은 수금할
날을 손꼽아 기다립니다. 조금만 기다리십시오. 오실 이는
오실 것이고 지체하지 않으실 것입니다(히 10:37). 그리고
이 지역에 얼마나 다른 광경이 펼쳐질지 보십시오.

이 지역에 사는 많은 사람이 구주 소식을 들으러 하나님
집까지 오기를 싫어합니다. 이런 이들이 일어나 구할 것입
니다. 여러분 중에 그리스도 없이 나이 드신 분들, 당신 무
릎을 기도하는 데 쓰지 않는 하얗게 머리 센 어르신들, 긴
박한 부름과 초대를 마다하는 젊은 사람들, 하나님보다 죄
와 쾌락을 더 사랑하는 여러분, 귀를 닫고 경건한 친구의

말을 듣지 않는 여러분, 여러분이 그날 가장 바쁜 사람일 것입니다. 여러분은 그날 어떻게 간청하고 어떻게 주장할까요? '주여 주여 열어 주소서. 주께서 우리를 길거리에서 가르치셨고, 우리는 주님의 만찬에 참여했나이다.' 그러면 주님은 이렇게 대답하실 것입니다. "행악하는 모든 자들아 나를 떠나가라." "그때에 너희가 나를 부르리라 그래도 내가 대답하지 아니하겠고 부지런히 나를 찾으리라 그래도 나를 만나지 못하리니."

아, 여러분 중에 이 걱정을 떨쳐 내고 싶으신 분 안 계십니까? 아, 좁은 문으로 들어가기를 힘쓰십시오. 시간이 얼마 없습니다. 잠시 뒤면 이 모든 일이 제가 말한 그대로 일어날 것입니다. 아, 지금 시작하십시오. 하나님이 여러분 중에 몇몇 사람을 깨우셔서 오늘 시작하게 해 주시기를 빕니다. "돌이키라 돌이키라……어찌 죽고자 하느냐"(겔 33:1)? 다른 사람은 하나님 나라에 있는데 여러분은 밖에 있는 것을 볼 때, 얼마나 비참하겠습니까?

지옥의 비참함을 이루는 것이 많습니다.

1) 몸이 괴롭습니다. 거기에서는 구더기도 죽지 않고 불도 꺼지지 않습니다(막 9:48).

2) 깜깜합니다. 애굽에 사흘 동안 흑암이 있어서 자기 처소에서 일어나는 사람이 없었던 것처럼(출 10:22-23), 영원한 흑암과 어둠이 있을 것입니다.

3) 하나님이 안 계십니다. 하나님은 이들에게서 위로의 임재를 거두실 것입니다. 거기에는 아무런 위로가 없을 것입니다.

4) 또 다른 요소가 있습니다. 아브라함을 볼 때 슬피 울며 이를 갈 것입니다. 한때 자신들과 같이 죄인이었고, 자신들과 본성이 같아 같은 저주 아래 있었던 수많은 사람이 모두 씻음과 의롭다 하심과 거룩하게 하심과 영화롭게 하심을 받고 문으로 들어가는 것을 볼 때, 너무 분통하고 비참해서 이를 갈게 될 것입니다.

① 여러분은 거기서 아브라함을 비롯한 족장들과 선지자들을 볼 것입니다. 이들은 여러분보다 받은 혜택이 적었습니다. 모형과 그림자로밖에 그리스도를 알지 못했습니다. 그런데도 그리스도의 때를 보고 기뻐했습니다(요 8:56). 그날 이들 가운데 한 사람도 빠지지 않을 것입니다. 이들은 하나님 나라에 있고, 여러분은 밖으로 내쫓깁니다.

② 여러분은 거기서 온 사방 사람들을 다 볼 것입니다.

동쪽에서는 많은 사람이 힌두스탄과 중국에서 순회선교사의 열매로 올 것입니다. 서쪽에서는 브레이너드의 거룩한 인디언들이, 북쪽에서는 마음이 온유하고 겸손한 그린란드 사람들이, 남쪽에서는 남태평양 섬 주민들이 올 것입니다. 각 나라와 족속과 백성과 방언에서 큰 무리가 올 것입니다(계 7:9). 이 사람들은 받은 혜택이 적었고, 여러분은 갓난아기 때부터 성경과 목사가 있었습니다. 그런데도 이들은 하나님 나라에 앉아 있고, 여러분은 밖으로 내쫓깁니다.

③ 나중 된 많은 사람이 먼저 되고, 먼저 된 사람이 나중 됩니다. 여러분이 인류 가운데 가장 보잘것없다고 생각한 몇몇 사람, 기생 라합, 그리스도와 함께 십자가에서 죽은 강도, 막달라 마리아, 간음하다 잡힌 여인, 아브라함 품에 안긴 거지 나사로를 볼 것입니다. 그리스도의 피로 눈과 같이, 양털 같이 하얗게 씻긴 속량 받은 무리를 볼 것입니다(사 1:18). 이들이 모두 영화로운 몸을 입고, 그리스도의 성령으로 충만하여, 거룩하고 행복하게, 면류관을 쓰고서 금 거문고를 타며 '죽임 당하신 어린양은 찬송을 받으시기에 합당하도다. 그 피로 우리 죄에서 우리를 씻기시고, 우

리로 우리 하나님 앞에서 나라와 제사장 삼으셨으니, 우리가 주와 함께 왕 노릇 하리이다'(계 1:5; 5:10, 12) 하고 노래하는 것을 볼 것입니다.

세상에 속한 덕망 높은 분들에게 말씀드리겠습니다. 여러분은 세상에서 악하게 살았던 멸시받는 불쌍한 그리스도인을 압니다. 이 사람은 한때 비방자요 박해자요 폭행자였습니다. 이 사람이 그리스도의 발을 닦아 드린 죄 많던 여자처럼 오자(눅 7:37-38, 현대인의 성경), 그 영혼에 이상한 변화가 찾아왔습니다. 이 사람은 이제 성경과 기도의 집을 가장 좋아합니다. 더는 쾌락과 죄의 소굴에 가지 않습니다. 그런데도 여러분은 이들을 무시합니다. '그런 사람이 신앙이 생기면, 우리 중에 긍휼 얻기를 바라지 못할 사람이 없겠다'고 말합니다. 여러분은 이들의 말과 행실을 업신여깁니다. 그것이 위선이라고 말합니다.

아, 잠깐 멈춰 보십시오. 이곳이 뭐라고 하는지 생각해 보십시오. 여러분은 언젠가 그 영혼이 영광 중에 있고 여러분은 밖으로 내쫓긴 것을 볼 것입니다. 하나님이 이들과 함께 계십니다. 이들과 운명을 함께 하십시오. 행복해지고 싶다면, 이들의 믿음을 따르십시오. 아, 세리와 창녀가 여

러분 눈앞에서 천국으로 들어가는 것을 보는 쓰디쓴 날이

되지 않도록, 들어가기를 힘쓰십시오.

각성한 어떤 영혼은 이렇게 반론할지 모릅니다. '저는 세
상에서 가장 구원받을 가치가 없는 사람이에요. 저에겐 아
무런 소망이 없어요.'

소망이 있습니다. 나중 된 많은 사람이 먼저 되고, 먼저
된 많은 사람이 나중 될 것이기 때문입니다. 아, 좁은 문으
로 들어가기를 힘쓰십시오.

저는 세상 사람들이 영원한 일에 별 관심이 없는 것을
보고 놀란 적이 한두 번이 아닙니다. 세상에서 가장 보잘
것없는 것이 이들의 눈길을 사로잡고, 탐구와 논문의 소재
가 됩니다. 딸랑이 가지고 좋아하고, 지푸라기로도 즐거워
합니다.[6] 우연한 사건이 신문에 실립니다. 옷 한 쪼가리나
술 한 모금의 맛이 논평의 소재가 됩니다. 이런 것들은 다
뜬구름과 같은데도, 영원한 세계의 영구한 실재, 곧 천국
과 지옥과 하나님과 그리스도는 생각하지 않습니다. 이 사
람처럼 "구원을 받는 자가 적으니이까?" 하고 물을 생각조
차 하지 않는 사람이 얼마나 많습니까? 그러나 훨씬 더 슬

---

6   알렉산더 포프Alexander Pope의 시, "인간론" 둘째 서간 276행 인용.

픈 일은 영원한 일에 관해 묻지만 그 영혼에 은혜의 역사가 없는 사람들을 보는 것입니다. 여러분 중에 좋은 책을 읽고 좋은 질문을 하면서도 좁은 문으로 몸소 들어가지 않은 사람이 얼마나 많습니까? 오늘 본문에 나오는 사람이 그런 사람이었습니다. 구주의 답변이 얼마나 마음 쓰립니까!

들어가기를 힘쓰라

아, 사랑하는 친구 여러분, 구원은 호기심의 대상이 아닙니다. 지식이나 호기심만 가지고는 구원받지 못할 것입니다. 좁은 문으로 몸소 들어가야 합니다. 사람은 마음으로 믿어 의에 이르고 입으로 시인하여 구원에 이릅니다(롬 10:10).

4

잃은 양

4. 잃은 양[7]

모든 세리와 죄인들이 말씀을 들으러 가까이 나아오니 바리새인과 서기관들이 수군거려 이르되 이 사람이 죄인을 영접하고 음식을 같이 먹는다 하더라 예수께서 그들에게 이 비유로 이르시되 너희 중에 어떤 사람이 양 백 마리가 있는데 그 중의 하나를 잃으면 아흔아홉 마리를 들에 두고 그 잃은 것을 찾아내기까지 찾아다니지 아니하겠느냐 또 찾아낸즉 즐거워 어깨에 메고 집에 와서 그 벗과 이웃을 불러 모으고 말하되 나와 함께 즐기자 나의 잃은 양을 찾아내었노라 하리라 내가 너희에게 이르노니 이와 같이 죄인 한 사람이 회개하면 하늘에서는 회개할 것 없는 의인 아흔아

---

7 1835년 12월 20에 두니페이스(Dunipace)에서, 1836년 1월 24일에 라버트(Larbert)에서 한 설교.

흡으로 말미암아 기뻐하는 것보다 더하리라(눅 15:1-7).

우리는 앞의 14장에서 예수님이 한 바리새인 지도자 집에서 막 나오신 것을 볼 수 있습니다. 예수님은 거기서 안식일에 손님으로 온 무리들, 곧 당신의 말씀을 트집 잡아 올무에 걸리게 하려고 기회를 쭉 엿보고 있는 바리새인들과 율법교사들과 함께 안식일 식사를 하고 계셨습니다. 이 바리새인 중에 몇몇은 함께 온 무리가 있었던 것 같고, 또 다른 행객들이 예수님을 빙 둘러싸고 있는데, 그때 가장 신분이 낮고 천한 세리와 죄인들 무리가 구주께 조금씩 가까이 나아왔습니다.

이렇게 군중들 편에서 차츰차츰 관심이 늘어 가자 바리새인들은 수군거리기 시작했습니다. 이 떨꺼둥이 같은 사람들이 자기네보다 하나님에게서 오신 선생의 말씀에서 더 큰 유익을 얻고, 그분한테 더 따뜻한 대접을 받는 것에 부아가 치민 까닭입니다. "바리새인과 서기관들이 수군거려 이르되 이 사람이 죄인을 영접하고 음식을 같이 먹는다 하더라."

우리 주님은 잃은 양의 비유로 답하셨는데, 그 목적은

훤했습니다. 곧, 바리새인들의 죄를 깨우치실 뿐 아니라, 발붙일 곳 없는 불쌍한 세리들을 구원하시려는 것이었습니다. 예수님은 얼마나 복된 구주이십니까! 예수님은 모든 사람에게 알맞은 말씀을 주십니다. 교만한 바리새인도, 비천한 세리도 그냥 지나치지 않으십니다. 아, 바로 이 예수님이 이 자리에도 계셔서, 이 친절하고 상냥한 그림 속에서 여러분 각 사람의 양심에 잃은 양을 찾는 선한 목자로 나타나 주시기를 바랍니다! 그럼 이제 이 목적을 가지고 이 비유의 여러 대목을 하나씩 살펴봅시다. 성령님이 당신의 말씀을 우리에게 열어 주시길 빕니다.

1. 목자가 찾아다니는 것은 잃은 양입니다

제가 먼저 눈여겨보는 것은, 목자가 진이 다 빠지도록 허덕거리며 찾아다니는 것은 잃은 양이지, 길을 잃은 적 없는 양이 아니라는 사실입니다.

1) 우리에서 멀리 끌려 나와 산에서 피 흘리고 찢겨서, 목자의 보호와 관심에서 멀어진 자신의 애처로운 처지를 슬퍼하며 골짜기가 울리도록 서글피 우는 양이 아닙니다.

2) 푸른 풀밭과 쉴 만한 물가로 돌아가는 길을 간절히 찾

는 양도 아닙니다.

3) 우리가 듣는 것은 잃은 양이라는 말뿐입니다. 우리에서 한참 벗어나 먼 들로 가서 갈피를 못 잡고 헤매는 양. 하지만 양의 처지가 위험할수록, 목자의 걱정도 커져만 갑니다.

어떤 위험을 무릅쓰더라도 백 마리 중 한 마리를 빤히 잃어버려서는 안 됩니다. 목자는 아흔아홉 마리를 들에 두고 헤매는 양을 찾아다닙니다. 삯꾼이 아닌 선한 목자는 잃어버린 양을 찾습니다. 구주께서도 마찬가지이십니다! 그분은 잃어버린 자를 찾아 구원하러 오셨습니다(눅 19:10).

이 땅에 천사들을 찾으러 오신 것이 아니었습니다. 강제로 끌려 나온 영혼들을 찾으러 오신 것도 아니었고, 당신을 찾아 애타게 울부짖는 사람들을 찾으러 오신 것도 아니었습니다. 이 잃어버린 세상에서 살려 달라고 울부짖는 소리가 들리지 않았습니다. 그렇지만 잃어버린 영혼을 위해 오셨습니다.

말하자면, 우주의 보좌에 앉으신 영원하신 아드님이 하늘에 있는 타락하지 않은 식구들을 잠깐 잊으시고, 잠깐 뒤로하시고, 아버지 품을 떠나서 당신이 다스리는 이 후미진 곳, 잃어버린 사람이 많이 사는 세상, 잃은 양 같이 길을 잃고 저마다 제 갈 길로 가는 사람이 사는 세상에 내려오신 것입니다(사 53:6). 불쌍히 여기시는 사랑이 그 가슴속에서 꺼지지 않는 불길로 타올라, 간고를 많이 겪고 질고를 아는 자가 되셨습니다(사 53:3). 이것은 많은 물로도 끌수 없고, 죽음보다도 강한 사랑이었습니다(아 8:6-7, 바른 성경). 이 사랑 때문에 양들을 위해 목숨까지 버리셨기 때문입니다. 만일 의로운 영들이 모인 곳을 찾으셨다면, 의로운 일만 천사가 자기 일꾼으로 있는 영광의 집을 왜 떠나셨겠습니까?

여러분, 자기 양 떼를 두고 멀리 떨어져 나와서 기운이 다 빠지도록 가까스로 산을 기어올라 근심 어린 얼굴로 허겁지겁 먼 들을 뚫어져라 바라보는 목자를 볼 때, 이 목자가 편안함과 즐거움을 찾는지 아니면 잃어버린 양을 찾는지 물을 필요 있습니까? 우리가 유대 마을에서 진이 다 빠지도록 힘겹게 이 성 저 성을 찾아다니시는 구주를 발견할 때도 꼭 마찬가지입니다. 여러분은 구주께서 사람들과 사귀며 휴식과 만족을 찾으러 오셨는지, 아니면 잃어버린 자를 찾아 구원하러 오셨는지 물을 필요 있습니까?

이 설교를 듣는 분 중에도 잃은 양의 처지에 있는 분들이 틀림없이 있습니다. 여러분 중 여러분의 삶에서 날마다 세상의 큰 목자에게서 벗어나 헤매고 있는 줄 아는 분들이 틀림없이 있습니다. 여러분은 날마다 하나님이 지키시는 우리에서 벗어나 헤매고 다녔습니다. 여러분은 푸르고 즐거운 길에 자주 들어서지 않았습니까? 그러나 그 길은 여러분의 길이지 하나님의 길이 아니었습니다. 여러분은 거친 가시밭길에도 자주 들어섰습니다. 그러나 그 길도 여러분의 길이지 하나님의 길은 아니었습니다. 여러분은 잃어버린 양입니다.

이 설교를 듣는 분 중에 자신이 사는 내내 양들을 위해 자기 목숨을 버리신 선한 목자 그리스도에게서 벗어나 헤매고 있는 줄 아는 분들이 틀림없이 있습니다. 여러분이 구주를 소리쳐 찾기는커녕 구주께서 언제나 여러분을 소리쳐 찾으셨습니다. 그러나 다 헛수고 아니었습니까? 여러분은 그리스도로 말미암아 양 우리에 들어간 적도 없고, 푸른 풀밭에 누인 적도, 쉴 만한 물가로 인도받은 적도 없습니다. 그렇다면 여러분은 잃어버린 양입니다. 그럼 한번 생각해 보십시오. 예수님이 찾으시는 것이 누구인지? 바로 여러분입니다. 그리스도께서는 여러분을 위해서 하늘을 떠나셨고, 지금까지도 여러분을 찾고 계십니다! 그렇지만 여러분은 이렇게 반박할 준비가 되었을지 모릅니다.

'저는 세상에서 하나님 없이 살았어요. 성경에도 그리스도께도 관심이 없었는걸요. 그리스도께서 저를 찾으신다는 것은 있을 수 없는 일이에요.' 그렇다면 더욱 잃은 양 아닙니까? 그리스도께서 구원하러 오신 것은 잃어버린 양입니다. 그리스도께서는 경건하지 않은 사람을 위하여 죽으셨습니다(롬 5:6). 그리스도께서 당신의 피와 의를 제안하시는 사람은 경건하지 않은 사람입니다.

'그렇지만 저는 제 영혼을 걱정하지 않고 살았어요. 지금도 제 영혼이 조금도 걱정되지 않는걸요. 저는 그리스도를 비방했고, 복음에 순종하지 않았어요.' 그렇다면 더더욱 잃은 양입니다. 저는 오늘 영광스러우신 구주께서 여러분을 찾고 계신다고 경고드렸습니다! 여러분이 그 증인입니다. "내가 종일 내 손을 벌렸노라"(롬 10:21)고 구주께서 말씀하십니다.

'저는 빛을 거슬러 죄를 지었고, 성경과 율법을 아는 뚜렷한 지식을 거슬러 죄를 지었는걸요. 그리스도의 피와 성령의 값없는 제안을 거슬러 죄를 지었어요.' 그래도 잃은 양입니다. 그리스도께서는 잃은 양을 찾고 계십니다. 여러분이 그리스도를 떠나 헤매다가 영혼이 갈 수 있는 가장 멀리까지 갔다면, 그리스도께서 여러분을 가장 먼저 찾으십니다. 그분은 가장 많이 헤매는 양을 가장 먼저 찾으시기 때문입니다.

'그리스도께서 저를 언제나 찾고 계셨다는 것은 알아요. 하지만 저는 오랫동안 그분을 거절했는걸요. 제가 걱정하는 것을 보고 이제 비웃으시면 어떡하죠?' 그래도 잃은 양입니다. 그래서 성경은 여전히 제게 그리스도께서 여러분을 찾고 계신다고 말할 것을 명령합니다.

아, 형제 여러분, 하나님과 예수 그리스도께 대한 여러분의 생각이 얼마나 딱딱합니까! 이런 생각은 성경에서 나온 것이 아니라, 여러분의 악한 마음에서 나온 것입니다. 아, 사랑하는 영혼들이여, 여러분 중에 자신의 구원에 대해 아무 걱정과 관심이 없다가, 크고 영광스러우신 구주께서 언제나 여러분을 애타게 찾고 계셨다는 것을 아신 분 계십니까? 그렇다면 여러분의 강철 같은 마음은 반드시 녹을 것이고, 여러분의 맷돌 같은 영혼은 반드시 깨질 것입니다! "그러므로 우리가 그리스도를 대신하여 사신이 되어 하나님이 우리를 통하여 너희를 권면하시는 것 같이 그리스도를 대신하여 간청하노니 너희는 하나님과 화목하라"(고후 5:20).

2. 목자는 잃은 양을 찾아서 어깨에 멥니다

이 비유의 두 번째 상황은 5절에 나옵니다. "또 찾아낸즉 즐거워 어깨에 메고."

이것은 마음씨 좋은 목자가 길을 잃고 헤매는 양을 위해 한 두 번째 좋은 일이었습니다. 목자는 알았습니다. 자기는 양을 찾았지만, 불쌍한 양은 우리로 돌아오는 길을 절대로 찾지 못하리라는 것을. 양은 들로 나가 산을 넘고 골짜기를 건너고 숲과 가시밭길을 지나기까지 헤매는 바람에, 돌아오는 길을 도저히 찾을 수 없었습니다. 덤불에 수도 없이 걸렸을 것이고, 가다가 다리를 삐끗했거나 지쳐서 쓰러졌을지도 모릅니다. 그래서 목자는 즐거워하며 양을 어깨에 멥니다.

힘에 부쳐 허덕거리고 쉬지도 못해 진이 다 빠졌을 텐

데도, 얽힌 것을 다 풀어 주고 어깨에 번쩍 들쳐 메고 가서 우리에, 푸른 풀밭과 쉴만한 물가에 내려놓습니다. 얼마나 마음씨 좋은 착한 목자입니까! 구주께서도 얼마나 마음씨가 좋으십니까!

구주께서도 이와 꼭 마찬가지로 잃어버린 영혼을 찾으실 뿐 아니라, 우리로 도로 데려가십니다. 회심하게 하시고 의롭다 하실 뿐 아니라, 거룩하게도 하십니다. 구주께서는 돌아오는 영혼을 둘러막는 덤불과 가시밭길을 잘 아십니다. 우리 마음이 허영의 산을 넘고 죄의 깊은 골짜기를 지나고 쾌락의 개울을 건너고 세상 근심과 걱정의 가시덤불에 걸리기까지 헤매어서, 경건의 푸른 풀밭과 은혜의 쉴 만한 물가로 돌아가는 길을 도무지 찾을 수 없다는 것을 아십니다.

우리는 우리 자신을 의롭다 할 수 없는 만큼, 우리 자신을 거룩하게 할 수도 없습니다. 그래서 예수님이 '어린 양을 그 팔로 모아 품에 안고 인도하시리라'(사 40:11)는 예언대로 잃은 양을 어깨에 메고 집으로 데려가십니다. 이 영혼은 먼 들에서 나와 사랑하는 분에게 기댑니다. 자신을 얽어매던 옛 유혹과 옛 습관과 옛 죄에서 번쩍 들쳐 메입니다. 독수리 날개에 올라탄 듯이 메입니다. 그리고 성령으로 "공평한 땅"(시 143:10)에 인도받습니다.

그렇다면 여기에 여러분 중에 가장 갈피를 못 잡고 가장 헤매는 죄인의 마음을 움직일 두 번째 논거가 있습니다. 곧, 그리스도께서 온 우주에 다른 죄인은 없는 것처럼 여러분을 애타게 찾고 계실 뿐 아니라, 보십시오, 여러분을 "거룩한 길"(사 35:8)로 다시 데려가시고, 지혜의 길이 여러분에게 기쁨과 평강이 되게 하시기를 기뻐하신다는 것입니다(잠 3:17). 여러분이 그리스도께 발견되기로 하고, 흘린 피와 의롭다 하는 의를 사용하고, 의를 위하여 여러분의 선한 자질을 버리고, 그리스도 안에서 완전해지기로만 한다면(골 2:10, KJV 성경), 여러분은 예수님을 구원자로만 아니라 성화자로도 받아들일 것입니다. 예수님은 여러분 영혼에 착한 일을 시작하실 뿐 아니라, 끝까지 이루실 것입니다(빌 1:6).

아, 선한 목자의 어깨에 메이고 그 품에 어린 양 같이 안겨서, 아무도 우리를 그 손에서 빼앗을 수 없다니(요 10:28), 예수님의 구원이 얼마나 완전합니까! 조금도 모자람이 없습니다. 이 구주를 여러분의 구주로 받아들이기로 하지 않으시겠습니까?

여러분 중에 선한 목자에게 발견되었지만, 그 어깨에 메이기로 한 적은 없는 사람이 있을지 모르겠습니다. 믿음은 있는 것 같은데도 거룩해지지 않아서 오늘 발걸음이 무거운 사람이 있을지 모르겠습니다. 여러분은 여러분이 의롭지 않다는 것을 깨달았고, 그래서 그리스도를 여러분의 의로 기꺼이 받아들이고 그 사실에 대해 그리스도께 모든 영광을 돌립니다. 그런데도 거룩하게 행하고, 양 우리로 돌아가는 데서, 여러분 자신의 힘을 의지하려고 할 수 있습니다. 아, 얼마나 교만한 마음입니까! 여러분은 여러분을 구원하시는 예수님의 영광을 절반은 빼앗기를 바랍니다. 그러면 여러분은 메이지 않고 하늘로 걸어가려는 헛수고를 하면서 고단한 걸음을 수없이 내디뎌야 할 것입니다. 여러분의 발은 세상의 가시에 찔려 다치고, 옛 유혹은 여러분이 가는 길에 몰래 파놓은 구덩이 같을 것입니다. 옛 정서는 여러분의 길을 막는 산울타리일 것이고, 산짐승이 와서 여러분을 잡아먹을 것입니다. 사자가 여러분을 삼키려고 찾아다닙니다(벧전 5:8).

이 비유를 보고, 여러분이 은혜로 의롭다 하심을 받아야 하듯이, 은혜로 거룩하게 하심을 입어야 한다는 것을 깨달으십시오. 여러분이 처음 구주를 뵀을 때, 구주께서는 '내 피가 네게 족하다'고 하셨습니다. 그리고 일단 의롭다 하심을 받았을 때는, '내 은혜가 네게 족하다'고 하셨습니다.

여러분 자신을 하나님께 드리십시오(롬 6:13). 구속자의 어깨에 메이기로 하십시오. 그러면 겸손한 승리의 노래를 부를 수 있을 것입니다. "내 의와 힘은 여호와께만 있도다" (사 45:24, KJV 성경 직역).

3. 목자는 잃은 양을 즐거워하며 집으로 데려옵니다

이 비유의 마지막 사건은 6절에 나타납니다. 목자가 집에 와서 그 벗들을 불러 모으고 함께 즐기자고 말하는 대목입니다. 우리 주님은 잃은 양 비유에서 이 대목만을 해석해 주십니다(7절).

7절과 10절을 견주어 보면, 두 비유에 대한 그리스도의 설명이 조금밖에 다르지 않지만, 의미 있는 차이라는 것을 알 수 있을 것입니다. 7절에서는 '하늘에서 기뻐하리라'고 말하는데, '하늘에서'라는 말은 주기도문에도 나오는 것처럼, 하늘에 사는 피조물을 가리키는 말입니다. 그러나 10

절에서는 '하나님의 천사들 앞에 기쁨이 있다'(바른 성경)고 말하는데, 이것은 말할 것도 없이 세상을 그토록 사랑하신 하나님, 악인이 죽는 것을 기뻐하지 않으시고 돌이켜 사는 것을 기뻐하시는 하나님이 하늘 보좌에서 구속받은 모든 영혼을 기뻐하시고, 셀 수 없이 많은 수행 천사들을 더없는 기쁨으로 새로이 채우신다는 뜻입니다.

또 하나 눈여겨볼 만한 사실은, 7절에서는 '기뻐하리라'고 하면서 앞날의 기쁨을 이야기하는 반면에, 10절에서는 '기쁨이 있다'고 하면서 현재의 기쁨을 이야기한다는 것입니다. 이렇게 현재로 이야기하는 것은 믿는 마음이 돌이키는 것을 하나님이 바로 아신다는 뜻입니다. 마음을 돌이켜 예수님을 꼭 끌어안자마자 하나님이 기뻐하신다는 말입니다. 여호와께서 웃으시고, 모든 천사도, 여호와의 얼굴 빛 가운데 살고 여호와의 형상을 비추는 것이 그 복인 까닭에, 여호와와 함께 기쁨에 겨워할 수밖에 없습니다.

자, 형제 여러분, 양들을 위하여 자기 목숨을 버리신 선한 목자에게 오늘 발견되시기를 권하는 세 번째 논거가 여기에 있습니다. 곧, 여러분이 오늘 그분을 여러분의 구원자로 받아들여 그 피로 죄 사함을 받고, 여러분의 성화자로 받아들여 그 성령으로 거룩하게 하심을 입고 그 어깨에 메여 간다면, 오늘 구주 하나님과 모든 거룩한 천사가 여러분 때문에 기뻐할 것이라는 사실입니다.

여러분은 천사들에게 사랑을 받고, 아버지께 사랑을 받을 것입니다. 천사들은 앞으로 일평생 여러분을 섬길 것입니다. 모든 천사가 다 섬기는 영 아닙니까(히 1:14)? 그리고 아무도 여러분을 아버지 손에서 빼앗지 못할 것입니다(요 10:29). 아버지께서 영원한 사랑으로 사랑하시기 때문입니다(렘 31:3). 참으로 여러분이 죽을 때에 "내가 사망의 음침한 골짜기로 다닐지라도 해를 두려워하지 않을 것은 주 (예수)께서 나와 함께 하심이라"(시 23:4)고 말할 뿐 아니라, 천사들도 그 손으로 여러분을 받들어 새 예루살렘의 진주문으로 데려갈 것이고(계 21:21), 거기서 예수님이 찾으신 잃은 양이 모두 모여 한 무리를 이룰 것입니다. "그들이 다시는 주리지도 아니하며 목마르지도 아니하고 해나 아무 뜨거운 기운에 상하지도 아니하리니 이는 보좌 가운데에 계신 어린 양이 그들의 목자가 되사 생명수 샘으로 인도하시고 하나님께서 그들의 눈에서 모든 눈물을 씻어 주실 것임이라"(계 7:16-17).

그러나 격려의 진수는 하나님과 천사들이 기뻐하는 구원을 여러분이 정확히 가려내느냐에 달려 있습니다. 하나님과 천사들이 그저 아무런 구원이나 기뻐하지 않으리라는 것은 너무 환한 일입니다. 저는 '죽을 자가 죽는 것도 내가 기뻐하지 아니한다'는 말씀처럼(겔 18:32), 하나님이나 거룩한 천사가 순전히 고통을 위해서라면 벌레가 받는 고통조차 조금도 기뻐하지 않는다고 믿습니다. 그러나 제가 확신하는 것은, 하나님과 천사들이 모든 피조물의 행복을 기뻐할지라도, 신격의 흠 없는 존귀는 온 세상의 행복보다 더 귀하게 여긴다는 사실입니다. 영원한 지옥의 실존이 이 진리를 살벌하게 증언하는 까닭입니다. 천사들과 천사들의 하나님께 기쁨을 주는 회개는 구주께 모든 영광을 돌리는 회개입니다.

여러분이 오늘 그리스도를 여러분의 구원자요 성화자로 받아들인다면, 하나님과 천사들이 오늘 여러분 때문에 대단히 기뻐할 까닭은, 이러한 회심으로 영혼은 구원을 받고 구주께서는 영광을 받으시기 때문입니다. 맑은 두 강줄기가 만나 바다로 도도하게 흘러가듯이, 회개하는 죄인에 대한 기쁨도 절정을 이루는 두 요소가 있습니다. 먼저, 몸과 영혼이 구더기와 불에서, 슬피 울며 이를 가는 데서 벗어나는 기쁨이 있고, 이보다 훨씬 더 큰 기쁨은, 그로 말미암아 하나님의 율법이 존귀하게 되고(사 42:21), 권세들과 통치자들이 희생자를 하나 더 빼앗기고, 한 영혼이 이스라엘의 목자 어깨에 의기양양하게 메여 가는 기쁨입니다.

그렇다면 스스로 의로운 죄인들, 여러분 자신에게서 나오는 의무와 사회와 질서와 교회 가기와 성경 읽기 같은 것들이 하나님과 천사들이 보기에 충분히 의로우리라 생각하는 분들, 완전히 잃어버린 양으로 발견되는 것을 모르고, 헤매는 양으로 그리스도의 어깨에 메여 가는 것을 도통 모르는 분들에게 정신이 번쩍 드는 말씀을 드리겠습니다.

불쌍한 죄인 여러분, 여러분 때문에는 기뻐할 일이 없습니다. 천사들은 눈물을 흘립니다. 행여나 여러분이 천국에 들어갈 수 있게 된다고 해도, 천사들은 겁에 질린 얼굴로 여러분을 바라볼 것이고, 여호와 앞에 있는 천사들은 끔찍이도 어두운 여호와의 찌푸린 얼굴을 피해 자기네 얼굴을 숨길 것입니다. 의롭다 하는 예수의 피가 필요 없고 거룩하게 하는 성령이 필요 없다고 선언하며 이렇게 보란 듯이 낙원 문으로 들어가는 것보다, 우리 주와 구주 예수 그리스도의 아버지 하나님께 더 큰 모욕을 안겨 드릴 만한 것이 무엇입니까?

선한 목자께서 여러분을 찾고 계십니다. 여러분이 수도 없이 내쳤지만, 그분은 여전히 죄 사함과 거룩하게 하시는 능력과 행복한 천사들의 한복판을 제안하시며 여러분을 찾으십니다. 하지만 여러분의 마음이 움직여 그리스도를 받아들이지 않는다면, 간청하시던 구주께서 여러분이 재앙을 만날 때에 웃으시고 여러분에게 두려움이 임할 때 비웃으실 날이 올 것입니다(잠 1:26). 참으로 여러분이 고난을 받고 그 연기가 하나님과 거룩한 천사들 앞으로 세세토록 올라갈 때(계 14:11), 여러분의 구원을 봤으면 기뻐했을 그 천사들이 여러분의 극심한 고통을 보고 이렇게 말할 것입니다. "할렐루야 구원과 영광과 능력이 우리 하나님께 있도다 그의 심판은 참되고 의로운지라"(계 19:1-2).

5

잃은 양과 동전 한 닢

5. 잃은 양과 동전 한 닢[8]

모든 세리와 죄인들이 말씀을 들으러 가까이 나아오니 바리새인과 서기관들이 수군거려 이르되 이 사람이 죄인을 영접하고 음식을 같이 먹는다 하더라 예수께서 그들에게 이 비유로 이르시되 너희 중에 어떤 사람이 양 백 마리가 있는데 그 중의 하나를 잃으면 아흔아홉 마리를 들에 두고 그 잃은 것을 찾아내기까지 찾아다니지 아니하겠느냐 또 찾아낸즉 즐거워 어깨에 메고 집에 와서 그 벗과 이웃을 불러 모으고 말하되 나와 함께 즐기자 나의 잃은 양을 찾아내었노라 하리라 내가 너희에게 이르노니 이와 같이 죄인 한 사람이 회개하면 하늘에서는 회개할 것 없는 의인 아흔아

---

8 1835년 4월에 웰쉬John Welsh 박사 앞에서 한 설교(1835년 3월 30일 에든버러 Edinburgh에서 작성).

홉으로 말미암아 기뻐하는 것보다 더하리라 어떤 여자가 열 드라크마가 있는데 하나를 잃으면 등불을 켜고 집을 쓸며 찾아내기까지 부지런히 찾지 아니하겠느냐 또 찾아낸 즉 벗과 이웃을 불러 모으고 말하되 나와 함께 즐기자 잃은 드라크마를 찾아내었노라 하리라 내가 너희에게 이르노니 이와 같이 죄인 한 사람이 회개하면 하나님의 사자들 앞에 기쁨이 되느니라(눅 15:1-10).

이 비유들의 힘과 아름다움을 온전히 맛보려면, 이 비유를 들은 사람들이 누군지, 무엇 때문에 이런 비유가 나왔는지, 우리 주님이 어떤 목적을 품고 이 비유를 베푸셨는지를 알아야 합니다.

앞의 14장에 보면, 안식일에 예수님이 한 바리새인 지도자의 집에 안식일 식사를 같이 하시려고 들어가셨다는 말씀이 나옵니다. 실제로 예수님의 말씀을 트집 잡고 예수님의 행동을 조롱하려고 기회를 쭉 엿보고 있는 율법교사들과 바리새인들 무리가 손님으로 와 있었던 것으로 보입니다. 예수님은 같이 밥을 먹던 많은 사람과 함께 이 집을 나오셨음 직한데, 그때 신분이 더 낮은 세리와 죄인들 무리

(이들을 환대하는 것은 어느 바리새인에게나 명성에 흠이 가는 일이었을 것입니다)가 예수님 둘레에 모여들었던 모양입니다 (눅 14:25). 예수님은 당신이 내놓으시는 자비의 풍성한 제안을 더 가치 있게 여길 성싶은 이 사람들을 향하여 지금 강론을 하셨습니다. 그래서 우리는 오늘 본문이 사회에 발붙일 곳 없는 이 사람들이 콧대 높은 바리새인들보다 예수님 말씀에 훨씬 더 깊은 관심을 보이며 차츰차츰 예수님께 다가가는 장면으로 시작하는 것을 볼 수 있습니다. 이렇게 군중들 편에서 관심이 높아지자 바리새인들은 수군거리기 시작했습니다. 도덕성이 현저히 부패한 이 사람들이 자기네보다 자칭 하나님에게서 오신 선생의 말씀에서 더 큰 유익을 얻고, 그분한테 더 따듯한 대접을 받는 것에 부아가 치민 까닭입니다. "바리새인과 서기관들이 수군거려 이르되 이 사람이 죄인을 영접하고 음식을 같이 먹는다 하더라." '이 사람이 자신이 주장하듯이 거룩한 존재라면, 자신과 기질이 비슷한 자들과 어울리지 않겠는가? 어떻게 하늘의 지성이 이 떨꺼둥이 같은 부패한 자들에게 관심을 가질 수 있다는 말인가? 그런데도 이 사람이 이런 자들의 모임을 위해 우리 모임을 떠나지 않았는가?'

이것이 이 스스로 의로운 바리새인들의 반론이었고, 뒤따르는 비유들이 나온 배경이었습니다. 예수님은 이런 반론을 당신만의 가장 독특하고 가장 능력 있는 방식으로 반박하시는데, 직접 논증으로 대응하시지 않고, 유사한 사례를 들어 그 반대로 판단을 내리게 하십니다. 복되신 우리 주님은 두 가지 목적을 품으셨던 것이 틀림없습니다. 두 계층의 청중을 위해 말씀하고 계셨기 때문입니다. 성령의 검은 좌우에 날 선 검이라고 했는데(히 4:12), 이 경우야말로 대단히 그랬다는 것을 볼 수 있을 것입니다. 예수님의 첫 번째 목적은 바리새인들의 자기 의를 책망하시는 것이었고, 두 번째 목적은 당신에게 귀 기울이고 있을지 모르는 죄인 중 괴수를 격려하시는 것이었습니다. 교만한 사람의 죄를 깨우치시고 겸손한 사람의 기운을 북돋우시는 것이 예수님이 품으신 이중의 목적이었습니다. 그렇다면 이 비유들이 두 목적을 위해 얼마나 놀라운 기능을 하는지 지켜봅시다.

그리스도께서는 이때 예루살렘 성이 아니라, 아마도 시골스럽고 고향 같은 분위기로 최고의 평가를 받았을 베다니나 벳바게에 계셨던 것으로 보입니다. 동시에 이런 개념의 보편성은 유대에서만 아니라 온 세계 어디에서나 이 비유들의 지적 승인을 보장해 주었습니다. 또 하나 눈여겨볼 만한 흥미로운 점은 두 비유 가운데 첫째 비유, 곧 잃은 양의 비유를 우리 주님이 가장 좋아하신 듯 보인다는 사실입니다. 그래서 우리는 주님이 다른 때에 다른 목적으로 이 비유를 되풀이하신 것을 볼 수 있습니다(마 18장). 새것만 아니라 옛것도 그 곳간에서 내오는 것이 좋은 집주인의 증표입니다(마 13:52).

1. 비유의 첫째 대목

예수님은 두 비유 모두 시선을 사로잡기에, 무엇보다 반대하는 무리의 잘못을 깨우치기에 가장 좋다고 잘 알려진 방식인 날카로운 질문으로 시작하십니다.

> "너희 중에 어떤 사람이 양 백 마리가 있는데 그 중의 하나를 잃으면 아흔아홉 마리를 들에 두고 그 잃은 것을 찾아내기까지 찾아다니지 아니하겠느냐"(4절)?

> "어떤 여자가 열 드라크마가 있는데 하나를 잃으면 등불을

켜고 집을 쓸며 찾아내기까지 부지런히 찾지 아니하겠느
냐"(8절)?

여러분 중에 이렇게 하지 않을 사람이 하나라도 있습니까?
누구나 다 이렇게 하지 않습니까? 이 비유가 사람의 본성
을 충실하게 그려 내고 있지 않습니까? 이렇게 하지 않을
양 떼의 목자를 여러분은 아주 무정하고 무심한 사람으로
생각하지 않겠습니까? 이렇게 하지 않을 가정주부를 여러
분은 앞날을 생각하지 않는 아주 어리석은 여자로 생각하
지 않겠습니까?

비록 두 비유를 적용하실 때는 이야기의 이 대목을 언급
하시지 않을지라도, 그리스도께서는 이것을 바리새인들의
반론에 답변하시고 세리와 죄인들을 격려하시는 당신의
첫 번째 논거로 쓰려고 하셨던 것으로 보입니다. 그렇다면
비유의 이 대목이 스스로 의로운 자들을 책망하고 죄인들
을 일깨우는 데 얼마나 잘 들어맞는지 알아봅시다.

목자가 진이 다 **빠지도록** 허덕거리며 찾아다니는 것은
잃은 양이지, 길을 잃은 적 없는 양이 아닙니다. 우리에서
멀리 끌려 나와 산에서 피 흘리고 찢겨서, 목자의 보호와

관심에서 멀어진 자신의 쓸쓸한 처지를 슬퍼하며 골짜기가 울리도록 서글피 우는 양도 아닙니다. 우리가 듣는 것은 잃어버린 양, "푸른 풀밭과 쉴 만한 물가"에서 멀리 떨어지기까지 헤매다가 갈피를 못 잡는 길 잃은 양이라는 이야기뿐입니다. 하지만 양의 처지가 위험할수록, 목자의 걱정도 커져만 갑니다. 어떤 위험을 무릅쓰더라도 백 마리 중 한 마리를 빤히 잃어버려서는 안 됩니다. 목자는 아흔아홉 마리는 들에 두고 헤매는 양을 찾아다닙니다. 마찬가지로 잃어버린 동전도 착한 여인의 걱정을 한껏 불러일으킵니다. 잃어버린 열 번째 동전을 찾기까지 나머지 아홉 동전이 주는 위로는 흔적도 없이 사라집니다. 그래서 이 여인은 등불을 켜고 집을 쓸며 동전이 나올 때까지 부지런히 찾습니다.

구주께서도 마찬가지이십니다! 그분은 잃어버린 자를 찾아 구원하러 오셨습니다. 말하자면, 우주의 보좌에 앉으신 아드님이 하늘에 있는 타락하지 않은 식구들을 잠깐 잊으시고, 잠깐 뒤로하시고, 아버지 품을 떠나서 당신이 다스리는 이 후미진 곳, 잃어버린 사람이 많이 사는 세상, 잃은 양 같이 길을 잃고 저마다 제 갈 길로 가는 사람이 사는 세상에 내려오신 것입니다. 불쌍히 여기시는 사랑이 그 가슴속에서 꺼지지 않는 불길로 타올라, 간고를 많이 겪고 질고를 아는 자가 되셨습니다. 이것은 죽음보다도 강한 사랑이었습니다. 이 사랑 때문에 당신 목숨까지 버리셨기 때문입니다. 선한 목자께서는 양들을 위해 자기 목숨을 버리셨습니다. 구주께서는 정녕 그 되울리는 메아리를 사람 마음속에서 찾는 원리 위에서 이 땅에 내려오셨습니다. 만일 의로운 영들이 모인 곳을 찾으셨다면, 의로운 일만 천사가 자기 일꾼으로 있는 영광의 집을 왜 떠나셨겠습니까? 여러분, 자기 양 떼를 두고 멀리 떨어져 나와서 기운이 다 빠지도록 가까스로 산에 기어올라 근심 어린 얼굴로 허겁지겁 먼 들을 뚫어져라 바라보는 목자를 볼 때, 이 목자가 편안함과 즐거움을 찾는지 아니면 잃어버린 양을 찾는지 물을 필요 있습니까? 우리가 유대 마을에서 진이 다 빠지도록 힘겹게 이 성 저 성을 찾아다니시는 구주를 발견할 때도 꼭 마찬가지입니다. 여러분은 구주께서 사람들과 사귀며 휴식과 만족을 찾으러 오셨는지, 아니면 잃어버린 자를 찾아 구원하러 오셨는지 물을 필요 있습니까?

이것이 우리 구주께서 당신이 세상에 오신 까닭을 나타

내 보이시는 그림입니다. 이것을 좌우에 날 선 무기로 쓰려고 하신 것이 틀림없으므로, 양면을 모두 살펴보려고 합시다.

1) 바리새인들과 함께 스스로 의로운 사람들을 위하여

그리스도께서 잃어버린 자를 찾아 구원하러 오셨다면, 복음의 구원은 의로운 사람들을 위한 것이 아닙니다. 여러분 자신의 의가 있다면, 그리스도의 의는 필요 없습니다. 여러분이 건강하다면, 의사는 쓸데없습니다(눅 5:31). 여러분 위에 진노가 머물러 있지 않다면, 구속자의 날개 밑 피난처는 필요 없습니다.

그렇다면 성경이 우리를 다 죄인으로 그린다는 이 고찰이 여러분이 편히 앉아서 푹 쉬는 것을 막아야 하지 않겠습니까? "우리는 다 양 같아서 그릇 행하며 각기 제 길로 갔거늘"(사 53:6). "의인은 없나니 하나도 없으며"(롬 3:10). 여러분이 길을 아예 잃어서, 갈피를 아예 못 잡아서, 길을 잃은 것조차 모르는 일이 일어날 수 없을지 생각해 보십시오. 양이 헤매다가 산을 넘고 골짜기를 지나고 개울을 건너고 가시밭길을 뚫고서, 쉴 만한 물가와 푸른 풀밭을 찾아 광야의 풀밭에 들어가 사막의 마른 갈대를 맛있게 먹기 시작한다고 생각해 보십시오. 지금 자신이 길 잃은 것을 잊고, 극심한 황무지 속에서 누리는 행복을 가장 풍성한 목초지와 목자의 가장 상냥한 돌봄과 맞바꾸지 않으려는 이 양이 덜 잃어버린 양입니까?

마찬가지로 여러분 중에 하나님과 경건에 대한 입맛을 싹 잃어버리고 거기서 멀리 떠난 영혼이 조금이라도 덜 잃어버린 영혼입니까? 여러분은 헤매다가 허영의 산을 넘고 쾌락의 개울을 건너고 세상 걱정과 근심의 가시밭길을 지나서 이제 멸망하는 세상의 초라한 풀밭에 매우 흐뭇해합니다. 여러분은 길 잃은 것을 못 느끼고, 영원한 일을 걱정하지 않습니다. 여러분의 체면과 세상 친구와 즐거운 일에만 빠져 있을 뿐입니다. 여러분이 어쩌다가 집마다 구원의 소식을 가져다주시는 구주의 한낱 인간을 뛰어넘는 모습에 눈길이 사로잡힌다고 하더라도, 어떻게 하늘에서 오신 사자가 가장 천하고 부패한 자들에게 자신을 맞추셨는지가 궁금할 뿐입니다. 아, 비참한 인간이여, 맥박이 고동치고 볼이 달아오르고 골이 끓도록 열이 나는 환자가 자기는 괜찮다고 할 때, 그 병세가 가장 심각한 것 아닙니까? 미친 사람이 자기가 실은 똑똑하다고 털어놓을 때, 가장 무섭게

미친 것 아닙니까? 아, 그렇다면 영혼이 아픈 사람이 '나는 괜찮다. 의사가 필요 없다. 길르앗 유향은 나를 위한 것이 아니다(렘 8:22)'고 말할 때, 그 영혼의 병세가 가장 심각한 것 아닙니까? 이 얼마나 슬픈 일입니까? 그런데도 얼마나 자주 일어나는 일입니까? 평강의 일꾼이 세상의 넓은 길에서 헤매는 어떤 아둔한 사람을 멈춰 세우고 구주 이야기를 꺼냅니다. 이 세상 사람은 말로는 아니어도 생각과 눈빛으로 이렇게 답할 것입니다. '그게 다 저한테 무슨 의미가 있나요?' 이 사람은 자기가 길 잃은 것을 모르고, 그래서 걱정하지 않습니다. 길을 잃은 양이 자기가 위험한 줄 알았다면, 바위와 골짜기가 울리도록 살려 달라고 울부짖었을 것이고, 광야의 들짐승을 피해 어디론가 숨었을 것입니다.

여러분이 여러분이 위험한 줄 알았다면, 살려 달라고 울부짖는 소리가 하늘로 줄기차게 올라갔을 것입니다. 여러분은 여러분의 경건한 친구와 목사에게 구원의 길을 거듭 거듭 알려 달라고 애타게 요청했을 것입니다. 그런데 여러분이 길 잃은 것을 모른다면, 잃어버린 자를 구원하시는 분의 가치를 대체 어떻게 알 수 있겠습니까? 그리고 구원자의 가치를 모른다면, 대체 어떻게 구원받을 수 있겠습니까? 죄와 진노가 여러분 위에 머물고 있지만, 여러분은 그 사실을 모릅니다. 여러분은 벼랑 끝에서 왔다 갔다 하면서도, 아무 걱정 없이 흥얼거리며 다닙니다. 아파서 곧 죽게 생겼는데도, 괜찮다고 말합니다. 그렇다면 다른 주장은 다 실패하더라도, 그리스도의 구원이 여러분이 닿지 않는 곳에 있다는 이 주장만큼은 여러분을 일깨워야 하지 않겠습니까? 여러분이 여러분이 생각하는 여러분이라면, 그리스도의 구원은 여러분에게 전해지지조차 않습니다. 그리고 그때 천하 사람에게 주신 이름 중에 여러분이 구원을 받을 만한 다른 이름이 없습니다(행 4:12).

2) 세리들과 함께 구주를 간절히 찾는 사람들을 위하여

그러나 둘째로, 그리스도께서 잃어버린 양을 찾는 목자로 오셨다면, 자기가 죄인이라고 느끼는 사람이 그리스도를 구주로 받아들이는 것은 당연한 일입니다. 우리 주님이 말씀하셨습니다. "수고하고 무거운 짐 진 자들아 다 내게로 오라 내가 너희를 쉬게 하리라"(마 11:28). 그렇다면 하나님의 성령께서 어떤 사람이 오랜 세월 지은 죄를 깨우쳐 주셨다고 생각해 보십시오. 이 사람은 온 세상이 훤히 아는 죄를 많이 지었을 수도 있고, 자신의 불경건한 마음의

어두운 방에서 꾸미고 완성한 죄만 지었을 수도 있습니다. 어떤 죄든 간에, 그 죄를 하늘의 빛으로 보게 해서, 이 사람이 티끌과 재 가운데 있는 자신을 혐오하게 합시다. 이 사람은 격렬히 외칩니다. "내가 주께만 범죄하여"(시 51:4). 형벌 받을 자를 결단코 사할 수 없으신 분의 보복이 끔찍하고 확실할 뿐 아니라 의로워 보입니다. 이 사람은 평강을 얻으려고 어디로 피할까요? 구원을 받으려고 무엇을 할까요? 이런 사람한테 구원자가 어떻게 잃어버린 자를 위해 오셨는가 하는 이야기가 얼마나 흥미롭겠습니까? 그런데도 왜 다 여기까지 인도받다 말고, 그토록 값없이 제안되는 하나님의 의와 평강을 받아들이지 않으려는 것일까요? 왜 그리도 많은 사람이 어둠 속에서 다녀 빛을 보지 못하고, 늘 구주를 찾아 울부짖으면서도, 당최 그분을 영접하지 않을까요? 말하자면 교만한 세상 사람들을 헤치고 나와 그리스도 앞으로 가면서도, 그분이 주려고 오신 그 빛과 평강과 순결은 왜 받아들이지 않는 것일까요?

그럴 만한 까닭은 하나뿐입니다. 잃어버린 자를 위해 오셨다는 그리스도의 말씀을 믿지 않기 때문입니다. 여러분은 여러분을 돌봤다고 선언하시는 그분께 여러분의 염려를 다 맡기기로 하지 않을 것입니다(벧전 5:7). 여러분은 구주의 말씀을 의지하려면 다른 어떤 자격을 갖춰야 한다고 생각할는지 모릅니다. 이것은 그리스도께서 그 자체로 완전히 잃어버린 자들을 위하여 오시지 않았다는 말밖에 더됩니까? 그렇지만 이치를 잘 아는 사람이라도 구주께서 세상에 오신 이 이상한 사건을 여러분과 같은 사람들을 위하여 오셨다고밖에는 달리 설명할 길이 없습니다. 목자가 자기 양 떼를 떠나 먼 들에 있는 까닭을 헤매는 양을 찾으러 갔다고밖에는 달리 설명할 길이 없는 것과 마찬가지입니다. 양이 돌아오는 길을 찾을 가능성이 조금이라도 있었다면, 목자는 양 우리를 절대로 떠나지 않았을 것입니다. 여러분이 자신을 구원하기 위해 할 수 있는 일이 조금이라도 있었다면, 그리스도께서는 절대로 인성을 입고 이 땅을 밟지 않으셨을 것입니다. 그렇다면 세상에서 귀 기울이시는 구주의 모습, 참 이상한 사건, 어떤 원리로도 설명할 길이 없는 이 사건을 보고, 여러분이 거스른 하나님에 대한 의심과 미심쩍은 공포를 모두 떨쳐 냅시다. 여러분은 참으로 하나님께, 지극히 높고 거룩하실 뿐 아니라, 무엇보다 지극히 친절하고 상냥하신 분께 죄를 지어 왔습니다. 아니,

여러분은 간청하시는 구주께 죄를 지어 왔습니다. 그분을 신뢰하기를 거부했고, 그분의 걱정과 피 흘리시는 사랑을 모두 멸시했습니다. 그러나 여러분이 하나님에 대한 생각에서 어떻게 벗어날지 알아보는 데 열심 있는 것보다, 그분이 위협과 섭리로 여러분의 하나님 없는 길을 가로막아서, 여러분을 당신에게 몰아가시거나 이끄시는 데 더 열심이 있으셨습니다. 구주께서는 지금도 온종일 손 내밀고 서 계십니다. "대저 나를 얻는 자는 생명을 얻고 여호와께 은총을 얻을 것임이니라"(잠 8:35). 그리스도께서 이와 같이 제안하시니, 그 구원의 제안을 그대로 받아들여야 하지 않겠습니까? 여러분, 죄인일망정 오는 것이 아니라, 죄인이니까 오십시오. 예수라는 이름은 죄인의 구원자, 심지어 죄인 중 괴수의 구원자라는 뜻이기 때문입니다.

2. 비유의 둘째 대목
우리 주님은 이 대목을 가장 유효하고 중요하게 여기신 듯 보입니다.

"또 찾아낸즉 즐거워 어깨에 메고 집에 와서 그 벗과 이웃을 불러 모으고 말하되 나와 함께 즐기자 나의 잃은 양을 찾아내었노라 하리라 내가 너희에게 이르노니 이와 같이 죄인 한 사람이 회개하면 하늘에서는 회개할 것 없는 의인 아흔아홉으로 말미암아 기뻐하는 것보다 더하리라"(5-7절).

"또 찾아낸즉 벗과 이웃을 불러 모으고 말하되 나와 함께 즐기자 잃은 드라크마를 찾아내었노라 하리라 내가 너희에게 이르노니 이와 같이 죄인 한 사람이 회개하면 하나님의 사자들 앞에 기쁨이 되느니라"(9-10절).

그리스도께서는 이제 또 다른 논거를 끌어내십니다. 앞에서는 잃어버린 자를 위한 당신의 남다른 긍휼과 애타는 수고에서 논거를 끌어내셨다면, 여기서는 당신이 잃은 양 한 마리를 우리로 다시 데려올 때 천사들이, 아니 보좌에 계신 아버지 하나님이 당신과 함께 기뻐하신다는 사실에서 논거를 끌어내십니다. 그리스도께서는 여기에서도 사람의 본성에서 논거를 끌어내십니다. 질문이 4절과 8절에서 끝나야 할 까닭이 없습니다. 참으로 분명한 것은 우리 주님이 여전히 듣는 이들의 상식과 관찰에 호소하신다는 사실입니다. '너희 중에 이 모든 일이 거듭거듭 일어나는 것을 보지 못한 자가 누구냐?' 이 단순하고 아름다운 이야기를 해석할 때 눈여겨봐야 할 점은 하나뿐입니다. 곧, 첫째 비유와 둘째 비유의 번역이 틀림없이 다르다는 것입니다. 저는 여기에 깊은 뜻이 담겼다고 생각할 수밖에 없습니다.

첫째 비유에서는 '하늘에서 기뻐하리라'고 말하는데, '하늘에서'라는 말은 주기도문에도 나오듯이, 천사들, 하늘에 거하는 피조물로 이해할 수밖에 없는 말입니다. 반면에 둘째 비유에서는 '하나님의 천사들 앞에 기쁨이 있다'(바른 성경)고 말하는데, 이것은 당신 아드님을 주시기까지 세상을 그토록 사랑하신 하나님, 악인이 죽는 것을 기뻐하지 않으시고 돌이켜 사는 것을 기뻐하시는 하나님이 하늘 보좌에서 모든 회복된 방랑자를 보고 기뻐하시고, 셀 수 없이 많은 수행 천사들을 더없는 기쁨으로 새로이 채우신다는 뜻으로밖에 달리 이해할 길이 없습니다.

또 하나 눈여겨볼 만한 사실은, 첫째 비유에서는 '기뻐하리라'고 하면서 앞날의 기쁨을 이야기하는 반면에, 둘째 비유에서는 하나님이 회개하는 죄인들을 보고 얻으시는 현재의 기쁨을 이야기한다는 것입니다. 통회하는 마음이 하나님께로 움직이자마자, 하나님이 기뻐하십니다. 여호와께서 웃으십니다! 더불어 수많은 경배하는 천사도, 여호와의 얼굴 빛 가운데 살고 여호와의 형상을 비추는 것이 그 복인 까닭에, 모두 여호와와 함께 기쁨에 겨워할 수밖에 없습니다. 이 해석이 옳은지 확증할 증거가 필요하다면, 앞에서 살짝 언급한 마태복음의 그 본문, 곧 그리스도께서 잃은 양의 비유를 다시 사용하시고, 성도들에 대한 천사들과 성부의 관심이 또한 성자 자신의 관심에 더해진다는 사실을 살펴보고 싶은 바로 그 본문에서 찾을 수 있습니다 (마 18).

우리는 또다시 구주의 양날검을 쓰려고 합니다.

1) 시온에서 안일한 사람들을 위하여

하나님과 거룩한 천사들이 오직 회개하는 죄인들만 보고 기뻐한다면, 스스로 의로운 사람들을 보고는 기뻐할 수 없습니다. 우리는 앞에서 구속자가 누구 때문에 오셨는지, 또 사람이 구속자가 오신 진가를 알 수 있으려면 자신을 어떻게 봐야 하는지, 곧 잃어버리고 무력한 죄인으로 봐야 한다는 사실을 봤습니다. 이제 이어서 하늘의 죄 없는 거주자들의, 아니 하나님 당신의 연민을 자아내는 이들이 누구인지 보여 드리겠습니다. 이들은 회개하는 죄인들, 구주께서 찾아서 다시 데려오신, 은혜로 구속받은 죄인들입니다. 목자는 양을 찾았을 때, 즐거워 어깨에 멥니다. 목자는 이 양이 절대로 들의 얽어매는 것을 모두 헤치고 나와 돌아가는 길을 찾지 못하리라는 것을 잘 알았습니다. 그래서 양을 짊어졌습니다. 구속자께서도 그렇게 하십니다. 구속자께서는 영혼을 회심시키는 것만으로는 안 되니까, 거룩하게도 하십니다. 이 방랑자를 찔레가 가로막고 덤불이 옭아매는 것을 잘 아십니다. 옛 습관과 옛 유혹과 옛 죄의 힘을 아십니다. 그래서 '내 피가 네게 족하다'고 말씀하셔서 평강을 속삭이실 뿐 아니라, '내 은혜가 네게 족하다'고 말씀하셔서 순결을 주입하십니다. 힘에 부쳐 허덕거리고 마음 편히 쉬지도 못했을 텐데도, 양의 선한 목자께서는 '어린 양을 그 팔로 모아 품에 안고 인도하시리라'는 오래전 예언대로 양을 하늘로 메고 가십니다. 은혜로 구속받고 은혜로 거룩하게 하심을 입은, 구속자의 고귀한 승전품인 이들을 보고, 온 하늘이 기뻐 소리칩니다! 온 하늘이 구속자의 영혼이 수고한 것을 보고 만족스럽게 여깁니다(사

53:11). 그런데 여러분은 하늘에 어떤 기쁨을 일으킬까요? 여러분은 여러분이 죄인인 줄 모르기 때문에, 구원자, 또는 성화자의 가치를 모릅니다. 그 의의 가치를 생판 모르는 여러분이 어떻게 구속자의 수고를 높입니까? 그 능력이 필요한 줄 생판 모르는 여러분이 어떻게 구속자의 거룩하게 하시는 은혜를 귀하게 여깁니까?

스스로 의로운 사람의 처지가 얼마나 두렵습니까? 천사들이 이 사람이 자기 의로 구원받을 수 있다고 생각하며 그의 구원을 기뻐하기는커녕, 아들 공경하기를 아버지 공경하는 것 같이 기뻐하는 이 죄 없는 존재들은 영광의 거처에 보란 듯이 들어오는 이 사람을 보고 벌벌 떨 것입니다. 여기에 구주를 모욕한, 그리스도의 죽음을 헛되게 한 두려운 증거가 있을 것이기 때문입니다. 이 알아서 회심하고 알아서 쇄신하는 사람이 돌아오는 것을 보고 하나님의 천사들 앞에 기쁨이 있기는커녕, 여호와 앞에 있는 이 천사들은 끔찍이도 어두운 여호와의 찌푸린 얼굴을 피해 자기네 얼굴을 숨길 것입니다. 여기에 놀랄 것이 하나도 없습니다. 의롭다 하는 그리스도의 피와 거룩하게 하시는 그리스도의 영이 필요 없다고 선언하며 이렇게 낙원 문을 지나가는 것보다 우리 주와 구주 예수 그리스도의 아버지 하나님께 어떤 더 큰 모욕을 안겨 드리리라 상상할 수 있겠습니까?

아, 그렇다면 스스로 의로운 사람이 그때 하나님 앞에 평안히 서 있으리라는 생각 자체가 불경스럽고 끔찍하다면, 이 사람이 지금은 어떻게 하나님 앞에 평안히 서 있을 수 있겠습니까? 아, 여러분이 만민의 심판자 하나님과 새 언약의 중보자 예수님 앞에서 그 수많은 천사들 사이로 하늘의 예루살렘에 들어가는 것이 그 크고 거룩한 무리를 두려워 떨게 만든다면, 여러분이 여러분 자신을 보고는 어떻게 아무렇지 않을 수 있겠습니까? 평강하다 평강하다 하나 평강이 없습니다. 아, 여러분이 이 세상 사회의 온갖 염려와 향락 속에서 꿈꾸는 사람처럼 웃음 지으며 여러분의 상상 속 의에 빠져 깊이 잠든 것을 보고도, 우리가 어떻게 여러분을 깨우려고 하지 않을 수 있겠습니까? 그리스도께서 여러분에게 빛을 비추시도록 일어나십시오(엡 5:14).

그리스도께서 스스로 의로운 예루살렘이 그 평화에 관한 일에 귀 기울이려 하지 않아서 우신 것처럼, 천사들은 여러분을 보고 기뻐하지 않고 울 것입니다. 그리고 우리는

가만있을까요? 우리는 선지자의 경고를 이어받아 "화 있을
진저 시온에서 안일한 자……여"(암 6:1, 개역 한글) 하고 말
하지 않겠습니까? 구주의 목소리에 귀 기울이시기를 간청
합니다. "네가 말하기를 나는 부자라 부요하여 부족한 것
이 없다 하나 네 곤고한 것과 가련한 것과 가난한 것과 눈
먼 것과 벌거벗은 것을 알지 못하는도다 내가 너를 권하노
니 내게서 불로 연단한 금을 사서 부요하게 하고 흰 옷을
사서 입어 벌거벗은 수치를 보이지 않게 하고 안약을 사서
눈에 발라 보게 하라"(계 3:17-18).

2) 시온에서 불안한 사람들을 위하여

그러나 둘째로, 하나님과 거룩한 천사들이 죄인 하나가
회개하는 것을 보고 기뻐한다면, 자신이 죄인이라고 느끼
는 사람이 힘을 얻어 자기 짐을 전부 자신의 구원자요 성
화자요 영화자이신 그리스도께 맡기는 것은 당연한 일입
니다.

그리스도께서 당신을 잃은 양을 찾는 목자로 그리시는
앞의 그림에서는 죄를 깨달은 죄인이 그리스도를 구주로
영접할 얼마나 훌륭한 권한을 얻었는지 봤습니다. 이제 그
리스도께서 당신의 기쁨에 들어와 당신과 함께 회복된 방

랑자를 보고 기뻐하시는 당신 아버지와 천사들을 그리시는 이 그림에서 얼마나 격려가 더해지는지 봅시다. 그러나 격려의 진수는 하나님과 천사들이 기뻐하는 회복을 우리가 잘 가려내느냐에 달려 있습니다. 앞에서 말한 것을 보면, 아무런 회복이나 하늘의 환성을 불러일으키지 않는다는 것은 환한 사실입니다. 저는 하나님이 '죽을 자가 죽는 것도 내가 기뻐하지 아니한다'고 얼마나 엄숙하게 말씀하시는지 볼 때, 하나님이나 천사들이 어떤 피조물이든 고통에서 벗어나는 것을 기뻐하리라고 생각할 수밖에 없습니다. 그러나 제가 확신하는 것은, 하나님과 천사들이 모든 피조물의 행복(신격의 존귀와 어우러질 수 있는 한)을 기뻐할지라도, 하나님 통치의 한결같은 존귀와 위엄은 세상의 행복보다 더 귀하게 여긴다는 사실입니다. 지옥의 실존이 이 진리를 살벌하게 증언하는 까닭입니다.

그렇다면 하늘에 기쁨을 주는 회개는 구주께 모든 존귀를 돌리는 회개입니다. 죄인의 회심을 보고 창조되지 않은 지성이 기쁨에 젖어 있고, 그 때문에 우주의 모든 거룩한 창조된 지성이 기쁨에 잠겨 있다고 말하는 까닭은, 죄인의 회심과 죄인을 구원하시는 분의 존귀가 떼려야 뗄 수 없이 이어져 있고, 영원토록 이어져 있어야 하기 때문입니다. 두 강력한 요소가 절정의 기쁨을 이루는 데 이바지합니다. 온 거룩한 우주에 짜릿한 기쁨을 주는 것은, 피조물이 고통에서 구원받고, 절대로 죽지 않는 영이 절대로 죽지 않는 슬픔에서 낚아채이고, 몸과 영혼이 구더기와 불에서, 슬피 울며 이를 가는 데서 건짐 받는 것, 이것이 다도 아니고, 이것이 주도 아니라, 여러분이 이 모든 데서 없어질 것이 아니라 그리스도의 보배로운 피로 대속함을 받고(벧전 1:18-19), 땅의 능력이 아니라 그리스도의 보배로운 성령으로 거룩하게 하심을 입고, 속량 받은 포로로 통치자들을 무력화하시는 분의 굳건한 어깨에 의기양양하게 메여 간다는 것입니다. 온 하늘이 피조물의 더없는 행복을 기뻐하지만, 구속자의 밝히 빛나는 영광은 더욱 기뻐합니다.

그렇다면 구주를 영접할 때 그분을 온전한 구주로 받아들이도록 주의하십시오. 여러분이 길을 잃었을 때 여러분 자신을 찾을 수 없었던 것처럼, 그리스도께서 여러분을 찾으신 뒤로도 여러분 스스로 하늘로 가는 길을 찾을 수 없습니다. 여러분은 여러분을 의롭다 한 바로 그 능력으로 거룩하게 하심을 입어야 합니다. 수많은 사람이 오늘 발걸음이 무거운 까닭은 자기네 구원의 존귀를 나누어 가지려 하기 때문입니다. 여러분은 여러분이 의롭지 않다는 것을 깨달았고, 그래서 기꺼이 구주께 모든 영광을 돌리게 되었을지 모릅니다. 여러분은 "하나님 앞에서 사람이 어찌 의롭다 하……랴"(욥 25:4)하며 바르게 말하고, 그래서 주님을 여러분의 의로 기꺼이 받아들입니다. "하나님이 죄를 알지도 못하신 이를 우리를 대신하여 죄로 삼으신 것은 우리로 하여금 그 안에서 하나님의 의가 되게 하려 하심이라"(고후 5:21).

그러나 그때, 여러분은 구주의 의를 끌어안는 것으로 구주께 충분히 영광을 돌렸다고 생각하고, 이것이 구주께서 여러분을 위해 하실 수 있는 전부라고 생각할지 모릅니다. 여러분의 기질을 빚고, 여러분의 악한 습성을 억누르고, 세상과 마귀와 육신을 이기는 일은 다 여러분 스스로 해야 합니다. 아, 사람의 마음이 얼마나 교만합니까! 구원의 공로를 다른 이에게 모두 넘겨주기를 얼마나 꺼립니까? 하나님이 만유의 주로서 만유 안에 계시도록 우리는 아무것도 아니게 되기를 얼마나 싫어합니까(고전 15:28)? 여러분은 여러분의 죄와 자주 치열하게 싸워야 할 것입니다. 선한 결심과 굽히지 않는 정욕이 논쟁을 벌이며 자주 피 터지게 싸울 것입니다. 여러분은 자급하는 영혼의 모든 전략을 써 볼지 모릅니다. 땅의 모든 지원을 싸움터로 끌어올지 모릅니다. 그러나 여러분 안에 승리의 희망이 거듭거듭 피어오를지라도, 죄가 거듭거듭 승리할 것입니다. 행여나 여러분이 외딴섬으로, 사막으로 달아날지라도, 죄는 쫓아오고, 여러분과 함께 배에 오르고, 달아나는 기수 뒤에 올라탈 것입니다.

오늘 여러분의 발걸음이 무거운 가장 큰 원인은, 여러분이 구원은 받았지만 거룩하게 하심은 입지 못했다고 생각하기 때문일지 모릅니다. "가시채를 뒷발질하기가 네게 고생이니라"(행 26:14). 여러분이 이렇게 여러분 힘으로 싸울 때 여러분에게 승리를 허락하지 않으시는 하나님은 얼마나 자비로우십니까? 여러분은 천사들이 돌아오는 죄인을 보고 기뻐한다는 사실을 알아도 여러분에게 아무 힘이 되지 않는다는 것을 스스로 느껴야 합니다. 여러분이 돌아가고 있지 않다고 느끼기 때문입니다. 여러분은 전보다 더 가까이 가지 않았습니다. 여러분은 승리의 기쁨보다 패배의 수치를 느껴야 맞습니다.

이 비유에서 여러분이 구원을 받았으면 거룩하게 하심도 입어야 한다는 경륜을 더 똑똑히 배우십시오. 우리는 은혜로 구원을 받고, 은혜로 거룩하게 하심을 입습니다. 모든 약속 중에 가장 보배로운 그 약속에 따르면, 여러분은 율법 아래 있지 않고 은혜 아래 있어서, 죄가 여러분을 주장하지 못할 것입니다(롬 6:14). 그리스도께서 말씀하십니다. "수고하고 무거운 짐 진 자들아 다 내게로 오라 내가 너희를 쉬게 하리라"(마 11:28). 여러분의 불안은 죄다 여기서, 곧 여러분이 여러분을 쉬게 하려고 해서 그리스도의 존귀를 빼앗는 데서 나옵니다. 양을 찾아서 다시 데려오는 영광은 모두 목자가 받아야 합니다. 당신의 것을 속량하시고 깨끗하게 하사 당신의 백성이 되게 하시는 영광은 모두 구주께서 받으셔야 합니다(딛 2:14). 그분은 의롭다 하시려고 죽으셨습니다. 거룩하게 하시려고 다스리십니다. 우리는 우리 앞에 당한 경주를 할 때, 늘 우리 믿음의 주요 온전하게 하시는 이인 예수를 십자가와 보좌에서 봐야 합니다(히 12:1-2).

그렇다면 기도하십시오. 여러분이 스스로 자랑하던 것을 모두 비우고, 여러분이 죄악덩어리일 뿐 아니라 약점덩

어리라는 것을 철저히 깨닫게 해 달라고. 그래서 더는 여러분의 의를 세우려고 하지 않는 만큼 여러분의 거룩함을 세우려고 하지 않고, 다만 주님을 여러분의 의와 힘으로 받아들이고, 여러분에게 거룩함과 온전한 구속함이 되신 그리스도만 바라보게 해 달라고. 한마디로 이스라엘의 큰 목자 어깨에 기꺼이 메여 가게 해 달라고 기도하십시오. 그러면 참으로 여러분은 모든 거룩한 천사가 새 찬송가에 맞춰 금 거문고를 탄다는 진리, 또 죄인 하나가 자기 염려를 모두 구주께 맡기기로 하면 하나님의 천사들 앞에 기쁨이 있다는 이 진리가 얼마나 힘이 되는지 알 것입니다. '기쁨이 있습니다.' 아무도 여러분을 구주 손에서 빼앗아갈 수 없기 때문입니다. '기쁨이 있습니다.' 통치자들과 권세들이 희생자를 하나 더 빼앗기기 때문입니다. 구주께서 여러분을 메고 하늘 예루살렘 문까지 안전하게 데려가심으로 이들을 이기시어 이들을 구경거리로 삼으시는 동안(골 2:15), 밖에서는 수행 천사들이, 안에서는 흰 옷을 입은 "온전하게 된 의인의 영들"(히 12:23)의 합창단이 함께 화답가를 부를 것입니다.

문들아

너희 머리를 들지어다

영원한 문들아

들릴지어다

영광의 왕이 들어가시리로다

영광의 왕이 누구시냐

강하고 능한 여호와시요

전쟁에 능한 여호와시로다

문들아

너희 머리를 들지어다

영원한 문들아

들릴지어다

영광의 왕이 들어가시리로다

영광의 왕이 누구시냐

만군의 여호와께서

곧 영광의 왕이시로다(시 24:7-10)

6

잃어버린 자를 구원하러 오신 그리스도

6. 잃어버린 자를 구원하러 오신 그리스도

인자가 온 것은 잃어버린 자를 찾아 구원하려 함이니라(눅 19:10).

인자는 찾으러 오셨습니다.

그리스도의 구원은 잃어버린 자를 위한 것입니다.

삭개오의 구원에서 몇 가지 눈여겨볼 점은,

첫째, 삭개오가 세리장이었다는 것입니다(눅 19:2). 세리는 못되고 정직하지 않은 사람들이었습니다. 삭개오는 그 장이요 우두머리였습니다. 사탄의 군대장이었습니다.

둘째, 삭개오가 부자였다는 것입니다. 그리스도께서는 부자가 하나님 나라에 들어가는 것보다 낙타가 바늘귀로 들어가는 것이 더 쉽다고 하셨습니다(눅 18:25).

셋째, 삭개오가 그리스도를 찾고 있지 않았다는 것입니다. 그냥 호기심이 생겼을 뿐입니다. 그런데도 예수님은 이 사람을 엿보고 계시다가 나무에서 바로 끌어 내리셨습니다. 삭개오를 구원하신 그분은 여러분을 구원하실 능력과 마음이 있으십니다. 바리새인들이 수군거리자 예수님은 이 말씀을 낭송하셨습니다. "인자가 온 것은 잃어버린 자를 찾아 구원하려 함이니라." 잃어버린 죄인은 이제 모두 귀를 쫑긋 세우고, 온 힘을 다하여 그리스도의 애정 어린 선언에 귀 기울여야 합니다. 여러분도 이 세리처럼 그리스도께 바짝 다가가야 합니다. 그리스도께서 서 계시는 곳으로 나아오십시오. 그리스도께서 우리들 한복판에 서서 잃어버린 자를 기다리고 계십니다.

1. 그리스도께서 누구를 구원하러 오셨는가 - 잃어버린 자

  1) 버젓이 죄짓는 사람

  2) 회심하지 않은 사람

  3) 빛을 거슬러 죄짓는 사람

4) 그리스도를 찾지 않는 사람

그리스도께서는 이런 사람들을 찾아 구원하러 오셨습니다.

2. 왜?

1) 이들한테 가장 필요하니까

2) 하나님의 은혜로운 본성 때문에

3) 이들이 가장 많이 찬송할 테니까

아, 낙원에서 강도가 그리스도의 발에 자기 면류관을 벗어 던질 때, 여러분은 잃어버린 자들이 왜 찬송하는지 볼 것입니다.

3. 적용

깨우기 위해서. 여러분, 왜 예수님께 오지 않았느냐는 물음에 뭐라고 답하시겠습니까? 많은 사람이 존 번연John Bunyan처럼 아무 소망이 없어서 죄 가운데 그대로 삽니다. 소망은 있고, 여러분은 핑계치 못할 것입니다. 여러분은 큰 무리가, 여러분 친구 중에 많은 사람이 구원받는 것을 볼 것입니다. 그렇다면 일어나 예수님을 찾으십시오.

이끌기 위해서. 어떤 분들은 무거운 짐을 지고 있습니다. 그리스도께서는 회중 너머로 여러분을 가리키십니다.

신앙을 저버린 사람들 격려하기.

잃어버린 자

그리스도의 말씀은 이런 뜻으로 보입니다. '너희는 내가 이 악명 높은 죄인을 구원했다고 수군거리기나 하지, 내가 어떤 원리 위에서 오는지는 모르는구나. 나는 다른 사람보다 더 잃어버린 사람이 있다면 기꺼이 그 사람의 구원자가 되는 방식으로 온다. 그런 사람이 내가 찾는 사람이다.' 큰 죄인에게는 큰 구주가 어울립니다.

1. 누가 유달리 잃어버린 사람인지 보여 드리겠습니다

1) 버젓이 죄짓는 사람. 하나님은 버젓이 짓는 죄를 아주 질색하십니다. 하나님의 위엄을 마구 깎아내리기 때문입니다. 물론 하나님이 눈여겨보지 않으시는 죄가 없고, 죄의 삯은 모두 사망이지만, 버젓이 짓는 죄는 하나님의 진노를 무시무시한 방식으로 받게 합니다. 이것이 소돔의 이마에 찍힌 낙인이었습니다.

"그들의 안색이 불리하게 증거하며 그들의 죄를 말해 주고 숨기지 못함이 소돔과 같으니 그들의 영혼에 화가 있을진저 그들이 재앙을 자취하였도다"(사 3:9).

"그러므로 단비가 그쳤고 늦은 비가 없어졌느니라 그럴지라도 네가 창녀의 낯을 가졌으므로 수치를 알지 못하느니라"(렘 3:3).

"그들이 가증한 일을 행할 때에 부끄러워하였느냐 아니라 조금도 부끄러워하지 않을 뿐 아니라 얼굴도 붉어지지 않았느니라 그러므로 그들이 엎드러지는 자와 함께 엎드러질 것이라 내가 그들을 벌하리니 그 때에 그들이 거꾸러지리라 여호와의 말씀이니라"(렘 6:15).

"여호와여 주의 눈이 진리를 찾지 아니하시나이까 주께서 그들을 치셨을지라도 그들이 아픈 줄을 알지 못하며 그들을 멸하셨을지라도 그들이 징계를 받지 아니하고 그들의 얼굴을 바위보다 굳게 하여 돌아오기를 싫어하므로"(렘 5:3).

"그들의 마침은 멸망이요 그들의 신은 배요 그 영광은 그들의 부끄러움에 있고 땅의 일을 생각하는 자라"(빌 3:19).

"불의의 값으로 불의를 당하며 낮에 즐기고 노는 것을 기쁘게 여기는 자들이니 점과 흠이라 너희와 함께 연회할 때에 그들의 속임수로 즐기고 놀며"(벧후 2:13).

하나님께서 버젓이 짓는 죄를 극도로 싫어하시는 까닭이 있습니다.

① 양심이 크게 무뎌진 것을 보여 주기 때문입니다. 영혼이 죄에 깊이 빠진 것을 보여 줍니다.

② 역병에 걸린 사람이 군중 한복판에 뛰어든 것처럼, 병을 아주 멀리 널리 퍼뜨리기 때문입니다.

③ 하나님의 위엄을 깎아내리기 때문입니다. 반역자가 왕궁에 쳐들어가 임금 앞에서 임금 얼굴에 침을 뱉거나 임금에게 칼을 겨누려 한다고 생각해 보십시오. 버젓한 죄인이 하는 짓이 이런 짓입니다.

삭개오가 그런 사람이었습니다. 여러분 중에도 그런 사람이 많습니다. 잘 알려진 죄인입니다. 이름난 술꾼, 버젓한 술꾼입니다. 술꾼으로, 주일을 안 지키는 사람으로 잘 알려져 있습니다. 아, 오늘 예수 그리스도를 요청하십시오.

2) 빛을 거슬러 죄짓는 사람. 버젓이 죄를 짓지는 않지만, 여전히 빛을 거스르고 경건한 부모와 선생을 거스르고 양심의 가책과 찌름을 거슬러 회심하지 않은 채로 살면서, 세상 속으로 더 깊이 뛰어 들어간 사람도 많습니다. 여러분은 귀를 막고 달려갔습니다. 진리를 회피하고, 복음의 소리를 멀리합니다. 이것이 가룟 유다의 죄였습니다. 유다는 그리스도의 발치에 앉아 그리스도의 말씀을 듣고 그리스도의 사랑을 봤지만, 입을 맞추어 그리스도를 팔아넘겼습니다. 이것이 가버나움의 죄였습니다. 예루살렘의 죄였습니다. 이것이 이 자리에 있는 많은 사람의 죄라고 믿습니다. 여러분은 복음을 압니다. 복음을 전할 수 있었습니다. 그렇지만 그것으로는 구원받지 못합니다. 여러분은 세상을 사랑했습니다. 그래도 예수님은 예루살렘에서 시작하라고 말씀하십니다(눅 24:47).

3) 그리스도를 찾지 않는 사람. 많은 사람이 그리스도 찾기를 바라지 않고 이 세상을 그냥 지나쳐 갑니다. 많은 사람이 부자가 되고 싶어 하거나, 부자 될 생각을 합니다. 많

은 사람이 쾌락을 좇습니다. 어떤 사람은 가만히 앉아 있고, 시온에서 안일합니다(암 6:1, 개역 한글). 이런 사람들이 지은 죄와 받을 정죄가 얼마나 두렵습니까! 이 자리에 앉은 많은 분이 다른 사람들이 주 예수님을 소리쳐 찾는 것을 보고도, 예수님 찾을 생각을 한 번도 하지 않았습니다. 그런데도 예수님은 찾으러 오십니다. 어떤 사람은 찾을수록 더 멀리 가는 양 같습니다. 그리스도께서는 잃어버린 자를 찾고 계십니다.

2. 왜 잃어버린 자를 찾으시는지 보여 드리겠습니다

1) 이들한테 가장 필요하기 때문에. 건강한 사람에게는 의사가 필요 없고, 병든 사람에게라야 필요합니다(눅 5:31). 전쟁터에서 많은 사람이 아파서, 다쳐서 누워 있을 때, 마음이 따뜻한 의사는 멀쩡한 사람이 아니라 다친 사람을 돌봅니다. 이들에게 허리를 굽힙니다. 잃어버린 죄인 여러분, 여러분은 주 예수님이 찾으러 오신, 다쳐서 죽어 가는 사람입니다.

2) 하나님의 은혜로운 본성 때문에. 하나님의 본성 자체에 가장 흉악한 자들에게 긍휼 베풀기를 기뻐하시는 것이

있습니다. 하나님은 인애를 기뻐하십니다(미 7:18). 여호와는 은혜로우십니다(시 111:4). 물론 하나님은 소멸하는 불이시고(히 12:29), 사람이 죄를 지을수록 더욱 불같이 노하시지만, 인애를 기뻐하신다는 것 또한 사실입니다. 하나님의 마음은 죄인에게 움직이되, 가장 흉악한 죄인에게 가장 많이 움직입니다. 모순 같지만, 저는 하나님이 어떤 죄인에게 노하실수록 그 죄인을 더욱 불쌍히 여기신다는 말이 사실이라고 믿습니다.

① 하나님이 천사들을 지나치시고 사람들에게 오신 까닭이 아마 이 때문이었을 것입니다. 사람이 귀신들보다 더 낮은 곳으로 떨어졌다는 것이 그럼직한 생각입니다. 사람 마음속에는 사탄의 마음속보다 정욕이 더 많습니다. 그런데도 하나님은 그들을 지나치시고 우리에게 오셨습니다.

② 유대인들에게 오신 것도 이 때문이었습니다. 모든 곳 중에 가장 죄책의 짐이 무거운 곳이 바로 그곳이었습니다. 그런데도 예루살렘에서 시작하라고 하셨고, 이들이 복음의 첫 열매가 되었습니다. 처음에는 삼천 명, 그다음에는 오천 명의 열매를 맺었습니다(행 2:41; 4:4).

③ 사마리아 여인과 죽어 가는 강도를 불쌍히 여기신 것

도 이 때문이었습니다. 아덴보다 고린도를 더 불쌍히 여기셨고, 마찬가지로 다른 곳을 지나치시고 던디를 불쌍히 여기셨습니다. 여러분 중에 그리스도 보시기에 자신이 아주 흉악하고, 아무런 가치가 없고, 그분의 진노를 받아 마땅하다고 느끼는 분이 계실지 모르겠습니다. 그렇지만 그리스도께서는 흉악한 자를 위해, 잃어버린 자를 위해 오셨습니다. 영혼들 때문에 그분의 마음이 들끓습니다. 아, 사마리아 여인이 그리스도께 왔다면, 여러분도 어서 오십시오. 이 여인을 불쌍히 여긴 그 마음이 여러분도 불쌍히 여깁니다. 그리스도는 하나님의 형상이십니다. 하나님이시지 사람이 아니십니다. 여러분, 스스로 판단해 보십시오.

3) 이런 사람들에게 가장 큰 영광을 받으시기 때문에. 하나님은 그 은혜의 영광을 찬송하게 하시려고 잃어버린 자를 찾으십니다. "이 백성은 내가 나를 위하여 지었나니 나를 찬송하게 하려 함이니라"(사 43:21). 죄인이 하나님 영광의 찬송이 되는 길은 다음 둘 중 하나뿐입니다. 하나님의 진노를 보여 주는 횃불이 되거나, 하나님의 은혜를 보여 주는 "불에서 꺼낸⋯⋯나무"(슥 3:2)가 되거나. 가장 훌륭한 은혜의 기념비는 가장 깊은 곳에서 끄집어내신 사람입니

다.

하나님의 사랑은 이런 사람한테서 가장 뚜렷하게 나타납니다. 하나님이 추악한 인간을 사랑하실 때, 이 사랑은 값없이 거저 주는 사랑으로 드러납니다. 예수님의 피는 보배로운 피로 드러나고, 성령님은 전능하신 분으로 드러납니다. 많은 사람이 이끌려 옵니다. 바울은 본보기로 구원을 받았습니다. 사탄의 나라는 힘을 잃습니다(군대를 무너뜨리려면, 지휘관을 물리치면 됩니다).

기둥 세우기. 여러분 중에는 던디에서 사탄 나라의 기둥인 사람이 있습니다. 아, 여러분이 구원받았다면, 그리스도 영광의 찬송이 되었을 것입니다. 그래서 그리스도께서는 영혼 구원하시기를 가장 기뻐하십니다.

3. 적용

성경에서 가장 각성케 하는 진리. 그리스도께서 잃어버린 자를 찾으러 오셨다면, 여러분을 찾으러 오신 것입니다. 여러분의 영혼을 찾는 분이 계시니, 곧 하나님의 전능하신 아드님이십니다. 여러분은 젊어서 돌이키지 않았으면 소망이 없다고 말합니다. 소망이 있습니다! 여러분은 잃어버린 사람이지만, 여러분을 찾는 분이 계십니다. 아, 지금 그분을 요청하십시오! 오늘 당장. 심판 날에 사마리아 여인과 막달라 마리아와 강도가, 이 마을에서 온 수많은 친구들과 이웃들과 죄 가운데 살던 동료들이 영광 가운데서 자기네 관을 예수님 발 앞에 던지고, 여러분은 밖으로 내쫓기는 것을 볼 때, 여러분은 얼마나 말문이 막힐까요! 그렇다면 예수님 발 앞에 오십시오. 여러분은 잃어버린 자이고 세리장이기 때문입니다.

이끌기. 이곳에서 예수님이 가장 초대하시는 사람은 누구입니까? 오랜 세월 빛과 가책을 거슬러 죄를 지은 까닭에 그 짐이 가장 무거워진 사람들입니다. 예수님은 온 회중 너머로 여러분을 꼭 집어 말씀하십니다. "수고하고 무거운 짐진 자들아 다 내게로 오라 내가 너희를 쉬게 하리라"(마11:28). 아, 그리스도께서 여러분을 얼마나 불쌍히 여기시고, 여러분을 받아 주시고 씻어 주시기를 얼마나 원하시는지 알았다면, 여러분은 그분께 달려갔을 것입니다.

더욱 잃어버린 신앙을 저버린 사람들. 예수님께 값없이 오십시오. 아, 삭개오처럼 서슴없이 오십시오. 삭개오가 그날 내려오지 않았다면, 다시는 오지 못했을 것입니다.

—

7

예루살렘을 보고 눈물 흘리시는 그리스도

—

7. 예루살렘을 보고 눈물 흘리시는 그리스도

가까이 오사 성을 보시고 우시며(눅 19:41).

이 말씀이 가르쳐 주는 첫 번째 교훈은 그리스도께서 참 사람이셨다는 것입니다. 그리스도께서는 가까이 오사 성을 보시고 우셨습니다. 그리스도께서 참 하나님이셨다는 것이 성경 전체의 한결같은 선언입니다. 어떤 곳에서는 하나님과 함께 계신 하나님이셨다고 말하고(요 1:1), 어떤 곳에서는 하나님과 동등 됨을 빼앗은 것으로 여기지 않았다고 말하고(빌 2:6, KJV 성경), 또 다른 곳에서는 만물 위에 계셔서 세세에 찬양을 받으실 하나님이시라고 말합니다(롬 9:5).

1. 참 사람이신 그리스도

그러나 이 구절에서는 그리스도께서 참 사람이시라는 것이 마찬가지로 뚜렷하게 밝혀집니다. 그리스도께서 우셨다는 말씀에서 이 사실이 드러납니다. 우는 것은 사람만이 하는 것입니다. 천국에는 눈물이 없습니다. 하나님이 모든 얼굴에서 눈물을 씻기시기 때문입니다(사 25:8). 그리고 지옥에는 "슬피 울며 이를 갈리라"(마 24:51)고 했으니까 눈물이 있지만, 이것은 동정의 눈물이 아니라 고통과 절망의 눈물입니다. 동정의 눈물은 사람만 흘립니다.

또 그리스도께서 참 사람이시라는 것은 무엇을 '보고' 우셨다는 데서 드러납니다. 이것은 사람됨을 보여 주는 확실한 증표입니다. 어떤 사람이 가난하다는 것을 듣기만 할 때는, 불쌍한 마음이 조금밖에 안 들고 안쓰러운 마음이 조금밖에 안 나타나지만, 그 사람을 찾아가서 초라한 방에 들어가 집안 형편이 말이 아닌 것을 볼 때, 볏단으로 된 잠자리를 보고, 아픈 어머니와 야위고 굶주린 아이들을 볼 때, 눈이 마음을 움직여 안쓰러운 마음이 사정없이 밀려듭니다. 이런 까닭에 하나님이 환난 중에 있는 고아와 과부를 돌아보라고 명하시는 것입니다(약 1:27). 바울도 아덴에서 그랬습니다. 온 성에 우상이 가득한 것을 보자, 속에서 부아가 치밀었습니다(행 17:16). 예수님도 이때 그러셨습니다. "가까이 오사 성을 보시고 우시며."

예수님은 감람산 맞은편에 있는 두 마을, 곧 베다니와 벳바게에서 오셨습니다. 예수님은 제자들이 자기네 겉옷을 걸쳐 놓은 나귀 새끼를 타고 계셨습니다. 제자의 온 무리는 자기네가 본 놀라운 일들 때문에 기뻐하며 하나님을 찬양했습니다. 온유하고 겸손하신 자기네 주인을 보고 소리쳤습니다. "호산나 찬송하리로다 주의 이름으로 오시는 이여"(막 11:9). 그리고 자기네 발밑에 펼쳐진 자기네 조상들의 성읍을 보자, 이 큰 기쁨의 시가 안에서 솟구쳐 오르는 것을 느꼈습니다. "예루살렘아 너는 잘 짜여진 성읍과 같이 건설되었도다······예루살렘을 위하여 평안을 구하라 예루살렘을 사랑하는 자는 형통하리로다 네 성 안에는 평안이 있고 네 궁중에는 형통함이 있을지어다"(시 122:3, 6-7).

그런데 예수님은 어떻게 하셨습니까? 성을 보시고 우셨습니다. 감람산 내리막길에 가까이 가시자 예루살렘이 한눈에 들어왔고, 그러자 눈물을 흘리신 것입니다. 하나님의 아름다운 성, 곧 다윗과 솔로몬의 처소요, 당신의 수많은 모형을 간직한 현장이며, 공중으로 어마어마하게 쌓아 올린 하얀 돌무더기와 놋 문과 금 지붕으로 만든 영광스러운 성전, 하나님이 거하시고, 모든 선지자가 예언하고, 숱한 믿는 사람이 예배했던 바로 그곳, 그곳을 보시고, 또 그들이 얼마나 죄악 된지 떠올리시고, 그들이 머지않아 당신을 어떻게 십자가에 못 박을지, 당신이 제안하는 자비를 어떻게 모두 무시하고 거절할지 보시고, 당신 백성의 다가오는 멸망과 잇따를 영원한 보복을 보시자, 우셨습니다.

아, 성도 여러분, 이분이 여러분의 구주이십니다! 참으로 여러분의 임마누엘이시요 여러분의 맏형 아니십니까? "우리에게 있는 대제사장은 우리의 연약함을 동정하지 못하실 이가 아니요 모든 일에 우리와 똑같이 시험을 받으신 이로되 죄는 없으시니라"(히 4:15). 성도 여러분, 아플 때, 예수님이 그 느낌을 아시고 여러분과 함께 아파하신다는 것을 잊지 마십시오. 성도 여러분, 배고프고 목마르고 헐벗을 때, 예수님이 그 느낌을 아시고 여러분을 불쌍히 여기신다는 것을 잊지 마십시오. 눈물이 날 때, 예수님이 우셨다는 것을 잊지 마십시오. 눈물이 왈칵 쏟아져 나와 멈

추지 않을 때, 예수님도 여러분과 함께 흐느끼십니다. 여러분이 회심하지 않은 친구 때문에 슬퍼할 때, 예수님도 그 고통을 느끼셨고, 여러분과 함께 또다시 슬퍼하신다는 것을 잊지 마십시오. 여러분이 괴로워할 때마다 예수님도 함께 괴로워하십니다.

어린이 여러분, 여러분의 작은 슬픔을 예수님께 모두 아뢰세요. 예수님도 한때 어린아이셨고, 여러분의 그런 슬픔을 모두 느끼십니다.

장성한 성도 여러분, 사람으로서 느끼는 모든 슬픔을 예수님께 아뢰십시오. 예수님은 참 사람이십니다. "아무 것도 염려하지 말고 다만 모든 일에 기도와 간구로, 너희 구할 것을 감사함으로 하나님께 아뢰라 그리하면 모든 지각에 뛰어난 하나님의 평강이 그리스도 예수 안에서 너희 마음과 생각을 지키시리라"(빌 4:6-7).

2. 복음은 우리의 평화에 관한 일을 담고 있습니다

"너도 오늘 평화에 관한 일을 알았더라면 좋을 뻔하였거니와"(눅 19:42). 양심의 평안은 이 소식을 받아들일 때만 찾을 수 있습니다. 세상 사람은 양심에 참 평안이 없습니다. 물론 많은 사람이 끊임없이 죄를 지음으로 양심에 화인을 맞아서 감각이 사라지고 무뎌지는 것은 사실입니다(딤전 4:2; 엡 4:19).

하지만 가장 속된 사람이라도 양심에게 두드려 맞는 때가 있습니다. 얼굴은 늘 웃고 있지만, 지난날의 악행이 문득 눈앞을 스쳐 지나가 움츠러드는 때가 많습니다. 죄악된 무리와 함께 웃고 떠들 때, 어떤 끔찍한 죄가 떠올라 하나님의 보복에 대한 두려움이 화살처럼 가슴에 꽂힙니다. "내 하나님의 말씀에 악인에게는 평강이 없다 하셨느니라"(사 57:21).

하나님의 성령께서 자꾸 양심을 깨워 무시무시한 능력을 깨닫게 하십니다. 성령님이 우리에게 우리 실상을 드러내시고, 우리의 타고난 생명이 하나님께 죄를 짓고 하나님을 반대하는 데 다 쓰인 것을 보여 주시고, 우리가 삯을 많이 벌어 왔지만 그 삯이 사망인 것을 보여 주실 때(롬 6:23), 아, 그때 양심은 얼마나 큰 혼란과 곤경에 빠집니까!

가장 마비된 양심도 아플 때나 죽기 전에 깨어서 끔찍한 능력을 깨닫기도 합니다. 마음을 빼앗고 사로잡던 사업과 환락, 미식과 진미는 이제 관심과 흥미가 뚝 떨어집니다.

함께 즐겁게 지내던 친구들은 이제 멀어지거나, 혹 아픈 사람 방에 들어가게라도 되는 날에는 공연히 우스갯소리나 하려고 애씁니다. 하나님은 '너희는 나를 위로한답시고 하나같이 나를 괴롭히는구나'(욥 16:2, 새번역) 하는 말이 튀어나올 정도로 이 사람에게 쓰디쓴 맛을 보여 주십니다.

아, 가장 속된 사람, 사는 내내 그리스도의 말씀을 전하는 무리만 보면 진저리를 치던 사람이 자기 목사한테 자기 침상 옆에 와서 기도 좀 해 달라고 간청한다니, 이 얼마나 희한한 광경입니까! "내 하나님의 말씀에 악인에게는 평강이 없다 하셨느니라"(사 57:21).

죽고 나면, 모든 마비된 양심은 깨어서 영원히 끝나지 않는 능력을 깨닫게 됩니다. 몸은 본래대로 흙으로 돌아가고, 영은 그것을 주신 하나님께로 돌아갑니다(전 12:7, 현대인의 성경). 그 뒤로 죽지 않는 구더기가 갉아먹기 시작합니다. 죄인은 자기가 지은 죄를 다시는 잊지 못합니다. 자신의 애처로운 처지를 잊기 위해 더는 잠을 잘 수도, 쾌락에 빠질 수도 없습니다. "거기에서는 구더기도 죽지 않고 불도 꺼지지 아니하느니라"(막 9:48). "악인에게는 평강이 없다."

자, 우리가 가져온 소식은 평화에 관한 소식입니다. 이 소식은 양심에게 두드려 맞을 때, 성령님이 깨우실 때, 죽음이 코앞에 닥쳤을 때, 영원이 왔을 때, 평안을 얻는 법을 알려 줍니다. 하나님이 여러분의 마음을 여셔서 우리가 한 말에 귀 기울이게 해 주시고, 그리스도께서 잃어버린 죄인들을 대신해 죽으셨다는 말씀을 듣고 받아들이게 해 주신다면, 여러분은 바로 평안을 얻을 것입니다. 마음의 평안은 이 소식을 받아들일 때만 찾을 수 있습니다.

회심하지 않은 사람은 마음에 참 평안이 있을 수 없습니다. 그 가슴속에서 여러 욕정(passion)이 서로 맞부딪치기 때문입니다. 모든 자연인의 마음을 다스리는 주된 욕정은 이기심입니다. 이것은 어린아이가 무엇이든 혼자 독차지하려는 데서 볼 수 있습니다. 사내아이가 자신의 즐거움밖에 찾지 않는 데서, 남 생각은 하지 않고 늘 저 하고 싶은 대로 하는 데서 볼 수 있습니다. 또 자기만 잘되면 남이야 어떻게 되든 말든, 쌀독에 쌀이 차 넘치고 부를 쌓아올릴 수만 있으면 누가 먹을 것이 있든 말든 개의치 않고 하루빨리 부자가 되려는 어른한테서도 볼 수 있습니다.

혹 가난한 사람들한테 남아도는 것을 조금 나누어 주더

라도, 자기가 너그럽다고 생각하거나, 자기 이름이 나는 것을 보는 호사를 누리려고 그러는 것입니다.

자, 이기심 혼자 다스렸다면, 회심하지 않은 사람의 가슴속은 제법 조용했을 것입니다. 물이 흘러들기만 하고 빠져나가지 않는 사해처럼 더러운 가슴의 고요함이 있었을 것입니다. 그러나 다른 욕정들이 오랜 종살이 끝에 마침내 주인이 되고, 마음의 지배권을 놓고 이기심과 다툽니다. 돈 욕심과 옷 욕심, 육신의 정욕과 안목의 정욕과 이생의 자랑은 이기심을 압도하는 힘을 얻습니다. 영혼은 교육과 이성과 사익과 반대로 끌려갑니다. 아, 형제 여러분, 여러분 중에 자신의 삶이 이렇게 온갖 정욕과 욕심이 싸우는 역사일 뿐임을 느끼시는 분이 얼마나 많습니까! "내 하나님의 말씀에 악인에게는 평강이 없다 하셨느니라."

그러나 우리가 가져온 소식은 우리 속에 정한 마음을 창조하시고 우리 안에 정직한 영을 새롭게 하시는 성령님에 대한 소식입니다(시 51:10). 예수님께 오십시오. 그러면 여러분은 마침내 옷을 입고 정신이 온전하여 예수님 발치에 앉아 있을 것입니다(눅 8:35). 아, 하나님을 사랑하고, 구주를 사랑하는 깨끗한 마음의 평강과 같은 평강은 없습니다!

하나님은 복되십니다. 하나님은 깨끗하십니다. 그 속에 어수선한 욕정이 없으십니다. 여러분, 하나님을 닮고 싶지 않습니까? 하나님이 여러분 안에 거하시게 하고 싶지 않습니까? 아, 여러분이 하나님의 명령에 주의하였더라면, 여러분의 평강이 강과 같았을 것이고, 여러분의 공의가 바다 물결 같았을 것입니다(사 48:18).

세상에 대한 평안도 복음의 소식에서만 찾을 수 있습니다. 회심하지 않은 사람은 세상의 지나친 걱정, 근심과 함께할 수밖에 없습니다. 어느 날은 사업의 성공을 내다보고 하늘로 붕 뜨고, 돈 벌 생각에 기대가 한껏 부풀어 오릅니다. 그러다가도 일이 잘못되고 어려워져 빈털터리가 될 것 같은 불길한 예감이 들어 절망에 빠집니다. 또 어떤 때는 식구들이 건강해 무사태평하고 어려운 일이 안 생길 것 같습니다. 그러다가 질병과 죽음이 찾아와 푸르른 희망을 꺾어 놓습니다. 아, 섭리의 바람이 불 때마다 바람 따라 물결 따라 정처 없이 떠다니는 회심하지 않은 사람의 평강보다 더 지푸라기 같은 것은 없습니다. 아, 회심하지 않은 여러분, 정말 그렇지 않습니까?

불쌍한 영혼은 이 세상에서도 그리스도 안에서만 안식

을 누릴 수 있습니다. 그리스도는 모든 섭리의 폭풍 속 완전한 피난처이십니다. 우리 영혼은 그리스도와 하나 되었습니까? 그렇다면 하나님은 우리 아버지이시고, 우리의 필요를 반드시 모두 채워 주실 것입니다. 공중의 새를 생각해 보십시오. 씨를 뿌리지도 않고 거두지도 않습니다. 곳간이나 창고도 없습니다. 그런데도 하나님이 먹여 주시는데, 우리는 안 먹여 주시겠습니까? 백합화가 어떻게 자라는지 생각해 보십시오. 수고도 하지 않고 길쌈도 하지 않습니다. 그런데도 온갖 영화로 차려입은 솔로몬도 이 꽃 하나만큼 차려입지 못했습니다. 오늘 있다가 내일 아궁이에 던져지는 들풀도 하나님이 이렇게 입히시는데, 하물며 값 주고 사신 자녀인 우리이겠습니까(눅 12:24-28)?

아, 형제 여러분, 온 세상에서 가장 부유한 사람은 마음 속으로 이렇게 느끼는 사람입니다. '우리 집에는 폭풍이 불어닥칠 수 없어. 여호와께서 내 출입을 지금부터 영원까지 지키실 테니까(시 121:8).' 아, 그렇다면 우리가 전하는 소식을 외면하지 마십시오. 이것은 시간과 영원을 위한 여러분의 평화에 관한 소식입니다! 우리가 전하는 소식을 슬픈 소식이라고 하지 마십시오. 우리보고 세상을 발칵 뒤집어 놓는 사람이라고 하지 마십시오. 물론 우리는 그런 사람입니다. 하지만 바른쪽으로 뒤집어서, 세상이 다시 한번 "모든 지각에 뛰어나신 하나님의 평강"(빌 4:7)으로 가득한 귀한 그릇이 되게 하려는 것입니다.

평화의 소식은 그리스도의 소식밖에 없고, 그리스도의 일꾼들이 여러분의 가장 진실한 친구요, 그리스도께서 복 있다 하시는 "화평하게 하는 자"(마 5:9)라는 것을 극심한 고통 중에 느낄 그때가 가깝습니다. 아, 여러분 중 많은 분에게 그때가 얼마나 가까울까요!

3. 그리스도께서는 죄인 중 괴수라도 구원하시기를 간절히 바라십니다

"너도 오늘……알았더라면 좋을 뻔하였거니와." 어떻게 보면 예루살렘은 이제껏 있었던 가장 악한 도시였습니다. 그 죄책이 아주 컸는데, 다른 도시보다 더 큰 빛을 거슬러 죄를 지었기 때문입니다. 하나님의 성전이 그 한복판에 있었고, 그 안에서 끊임없이 하나님께 예배를 드렸습니다. 경건한 이스라엘 백성은 모두 해마다 세 차례씩 올라와 예배를 드렸고, 에디오피아 국고를 맡은 내시와 같이 경건한 이방인들까지도 먼 길을 찾아와 예배를 드렸습니다. 모든 선지자가 예루살렘에 말씀을 전했지만, 우리가 이 선지자들한테서 배우는 것은 예루살렘에 죄악이 가득했다는 사실입니다. "신실하던 성읍이 어찌하여 창기가 되었는고 정의가 거기에 충만하였고 공의가 그 가운데에 거하였더니 이제는 살인자들뿐이로다"(사 1:21). 하나님이 예루살렘에 가져다주신 빛은 악한 주민들이 어둠을 더욱 사랑하게 할 뿐이었습니다(요 3:19)!

예루살렘은 또 선지자들을 박해한 까닭에 죄책이 아주 큰 도시였습니다. 하나님은 예루살렘에 심부름꾼을 많이 보내셨지만, 거기서 모두 박해를 받았습니다. 그리스도께서도 제자들한테 예루살렘에서부터 복음을 전하라고 하셨지만(행 1:8), 제자들도 거기서 돌에 맞아 죽었습니다. 그러니까 그리스도께서 인용하신 이 말씀은 속담이었던 것으로 보입니다. "선지자가 예루살렘 밖에서는 죽는 법이 없느니라"(눅 13:33). 또 "너희 조상들이 선지자들 중의 누구를 박해하지 아니하였느냐"(행 7:52)고 한 스데반의 말도 사실이었습니다.

그러나 예루살렘의 죄책이 절정에 이른 까닭은 그리스도를 거절했기 때문입니다. "(그가) 자기 땅에 오매 자기 백성이 영접하지 아니하였으나"(요 1:11). 형제 여러분, 예루살렘 성은 그리스도께서 보고 우신 성이었습니다. 예루살렘에 무슨 선한 것이 있어서 불쌍히 여기신 것이 아니었습니다. 그리스도께서 보신 것은 악과 다가올 비참뿐이었습니다. 또 예루살렘이 애처로이 울부짖었기 때문에 불쌍히 여기신 것이 아니었습니다. 예루살렘은 여느 때와 같이 장사해서 돈을 버느라 바빴습니다. 그리스도의 동정심을 불러일으킨 것은 예루살렘을 뒤덮은 죄책이었습니다. 그리스도께서는 하나님이 노하셔서 예루살렘에 폭풍이 치고, 그 은혜의 날이 지나간 것을 보셨고, 예루살렘이 지옥에서 가장 깊은 자리를 차지하게 생긴 것을 보셨습니다. 그래서 우셨고, 깨어진 소원을 탄식하셨습니다. '너도 오늘 알았더라면 좋았을 텐데……!'

이 자리에도 큰 죄를 저지른 사람이 있습니까? 여러분 중에 지나온 삶이 때에 찌들고 얼룩에 물든 사람 있습니까? 그 죄에 대한 소문, 정직과 순결과 제정신을 거슬러 지은 죄에 대한 소문이 하늘에까지 들린 사람 없습니까(창 18:20-21)? 보십시오. 그리스도께서 여러분을 구원하기를 간절히 바라십니다! 그리스도께서는 여러분 안에서 예쁘거나 착한 구석을 못 보십니다. 여러분의 죄를 보고 들으십니다. 아, 그리고 여러분의 지옥을 보십니다. 그래서 여러분을 보고 눈물을 흘리며 말씀하십니다. '아, 불쌍한 죄인아, 너도 너의 평화에 관한 소식을 알았더라면 좋았을 텐데……!'

여러분 중에 큰 빛을 거슬러 죄를 지은 사람 있습니까? 경건한 부모가 성경을 읽고 기도하는 법을 가르쳐 주고, 여러분을 위해, 여러분과 함께 기도했지만, 부모의 말씀과 기도를 깡그리 무시하고, 귀를 막고 세상의 죄악 가운데 뛰어 들어간 사람 있습니까? 경건한 목사가 여러분 영혼에 큰 관심을 기울여, 여러분이 어릴 적부터 여러분을 보살피고 가르치고, 여러분을 성찬에 참여하게 하려고 여러분과 함께 안간힘을 쓰고, 여러분과 단둘이 이야기하고, 공중 앞에서 여러분에게 아주 성실하게 설교했지만, 이 큰 복을 받고도 다 발로 짓밟고, 목사의 선한 소망을 깨뜨리고 나아가 나쁜 친구들과 어울리고 죄에 뛰어든 사람 있습니까? 아, 그렇다면 보십시오! 그리스도께서 여러분을 보고 우시고, '불쌍한 죄인아, 너도 오늘 평화에 관한 일을 알았더라면 좋았을 텐데' 하시면서 여전히 여러분을 구원하려고 애쓰십니다.

여러분 중에 자신이 짐짓 그리스도를 거절했고, 예루살 렘처럼 구주를 십자가에 못 박아 현저히 욕보였다고 느끼는 사람이 있습니까(히 10:26; 6:6, 개역 한글)? 여러분, 그리스 도의 뻗은 팔을 뿌리치고, 그분을 구주로 맞이하지 않으려 고 하셨습니까? 그랬을지라도 그리스도께서 어떻게 눈물 을 흘리며 말씀하시는지 보십시오. '너도 오늘 알았더라면 좋았을 텐데' 하고 말씀하십니다. 아, 형제 여러분, 여러분 이 누구든지, 여러분이 어떤 죄 가운데 있든지, 여러분이 지금 하나님과 얼마나 멀리 떨어져 있든지, 그리스도께서 는 오늘 여러분을 구원하시기를 간절히 바라십니다. 하늘 에서도 땅에서와 같은 마음을 품고 계십니다. 몸의 상처는 이제 다 나으셨지만, 마음속으로는 아직도 불쌍한 죄인을 위해 피눈물을 흘리십니다. 그렇다면 믿지 않고 회심하지 않은 불쌍한 영혼이여, 깨어나십시오! 여러분, 이 피 흘리 는 사랑을 모두 발로 짓밟으시겠습니까? '너도 오늘 평화 에 관한 일을 알았더라면 좋았을 텐데……!'

4. 예루살렘은 은혜의 날이 있었고, 우리도 마찬가지입니다

"오늘." 은혜의 날은 자연의 날과 비슷합니다. 새벽이 있고, 아침이 있고, 한낮이 있고, 해 질 녘이 있고, 한밤중이 있습니다. 예루살렘에는 은혜의 긴긴날이 있었습니다. 이날은 그리스도께서 예루살렘 거리에서 가르치신 삼 년 동안 절정에 다다랐지만, 이내 땅거미가 졌고, 마침내 깜깜한 밤이 되었습니다. 그러자 평화에 관한 일이 예루살렘 눈에 숨겨졌습니다. 우리도 마찬가지입니다.

1) 어릴 때가 은혜의 날입니다. 여러분이 예수님께 와서 구원을 받으려 한다면, 어릴 때만큼 좋은 때가 없습니다. 아, 그런데 이때를 잘 활용하지 않고 그냥 지내 보내는 사람이 얼마나 많습니까! 어릴 때는 우리 마음이 부드럽고 말랑말랑해서 무엇이든 새기기가 쉽습니다. 양심은 죄 가운데 오래 살지 않아서 무뎌지지 않았고, 그 목소리가 여전히 우렁차고 또랑또랑합니다. 이해는 진리를 거슬러 비뚤어지지도, 치우치지도 않았습니다. 관심은 세상일과 이생의 염려에 사로잡히지 않았습니다. 정서는 세상의 속임과 고된 시련과 큰 슬픔과 거듭된 좌절로 메마르지 않았습니다.

어린 심령은 늘 새로운 즐거움을 찾아서 신나게 상상의 나래를 펼쳐 나갑니다. 그 마음은 상냥한 얼굴에나 아름다운 삶의 인자한 행로에 사랑스러움이 밴 모든 사람에게 가장 값진 사랑의 보화를 내놓습니다. 어린 사람은 진액이 가득한 어린나무와 같아서 어떤 모양으로도 잘 구부러지고 어떤 방향으로도 잘 자라납니다. 하지만 죄에 찌든 어른은 수백 년 된 나무처럼 그 본줄기가 어마어마해서 천 명이 달라붙어도 꿈쩍하지 않습니다.

이제껏 회심한 사람은 거의 모두 어릴 때 회심했습니다. 죄를 깨닫고 의를 깨닫는 일은 어린 마음에서 가장 잘 일어납니다. 어린 사람이 말을 가장 빨리 배운다는 것은 흔히 관찰되는 사실입니다. 어린 시절을 놓치면, 커서 여러 언어를 배우기가 무척 힘듭니다. 자, 회심의 역사는 순전히 자연을 초월하는 것이지만, 이 일도 나이 들어서보다는 어릴 때 훨씬 더 자주 일어납니다. 청소년 여러분, 지금이 은혜의 날입니다. 잊지 마십시오. 이때가 후다닥 지나가고, 곧 해 질 녘이 다가옵니다. 아무도 믿지 못하는 밤이 찾아옵니다. 아, 여러분 중에 머리가 하얗게 세도록 회심하지 않은 분이 얼마나 많습니까? 아, 그리스도가, 여러분의 평화에 관한 일이 아직 여러분 눈에 숨겨지지 않도록 기도합시다.

2) 열매 맺는 목회도 은혜의 날입니다. 이제껏 회심한 사람은 거의 모두 신실한 목회 아래 회심했습니다. 하나님은 신실하지 않은 목사가 하는 일에 복을 잘 안 주십니다. 회심은 순전히 하나님의 일이고, 어떤 목사의 은사와 은혜에도 달려 있지 않지만, 하나님은 당신을 위하여 택하신 당신의 도구로 일하시기를 기뻐하십니다. 신실한 목회는 은혜의 날이고, 은혜의 날이 동트는 곳은 복됩니다. 하지만 은혜의 날도 해가 지고 밤이 찾아옵니다. "너희 조상들이 어디 있느냐 또 선지자들이 영원히 살겠느냐"(슥 1:5)? 이들은 죽음으로 말미암아 항상 있지 못했습니다(히 7:23). 그리스도만이 갈리지 않는 제사장 직분을 가지십니다(히 7:24). 타오르고 반짝이던 불빛은 자꾸 꺼집니다. 하나님은 촛대만 아니라, 초도 가져가십니다.

가장 살아 있고 가장 열매 많던 목회에 차디차고 열매 없는 목회가 뒤따르는 일이 얼마나 많습니까? 형제 여러분, 여러분 중에 얼마나 많은 사람이 지금은 무덤 속에서 아무 말이 없는 생명력 넘치던 목사 아래 있었습니까! 형제 여러분, 우리 마을과 이웃 마을에 진리를 온전하고 신실하게 전하는 신실한 목사가 있습니다. 그렇다면 이날은 여러분의 날입니다. 지금 돌이키십시오. 그렇지 않으면 이 목사들을 여러분에게서 데려가실 것이고, 여러분의 평화에 관한 일은 여러분 눈에 숨겨질 것입니다!

3) 성령님이 다투실 때도 은혜의 날입니다. 회심한 사람은 모두 성령님이 자신들과 다툴 때 회심하지만, 성령님은 사람들과 영원히 다투지는 않으실 것입니다. 성경을 읽거나 설교를 듣고 마음이 술렁일 때, 성령님이 그 마음과 다투고 계신다는 것은 의심할 나위 없는 사실입니다. 지나온 삶을 진지하게 되돌아보게 되거나, 어떤 죄가 마음에 꺼려질 때, 성령님이 다투고 계신다는 것은 틀림없는 사실입니다. 하지만 이것을 저항한다면, 성령님은 떠나시고, 때때로 다시는 돌아오지 않으십니다. "나의 영이 영원히 다투지는 아니하리라"(창 6:3, KJV 성경 직역). 형제 여러분, 여러분 마음에 이런 각성이 조금이라도 있다면, 그것을 소멸하지 마십시오. 성령을 소멸하기가 얼마나 쉽습니까(살전 5:19)! 세상으로, 끊임없는 일의 소음으로 돌아가거나, 감각을 자극하는 죄에 빠져 보십시오! 그러면 모든 각성은

금세 사라지고 말 것입니다. 하지만 여러분과 같은 사람을 두고도 하신 그리스도의 말씀을 잊지 마십시오. '아, 너도 알았더라면 좋았을 텐데……!'

끝으로 회심하지 않은 분들과 믿는 분들에게 말씀드리겠습니다.

그리스도 밖에 있는 사람들에게 지옥이 얼마나 확실한지 여기서 배우십시오! 그리스도께서는 예루살렘을 보고 우셨습니다. 지옥이 없었다면, 예수님이 우셨을까요? 여러분이 병에 걸렸는데 그 사실을 모릅니다. 그런데 의사가 와서 여러분을 보더니 한숨을 쉬고 고개를 가로젓습니다. 친구들이 하나같이 걱정을 하고, 흐느껴 울기 시작합니다. 여러분이 이것을 본다면, 겁이 나지 않겠습니까? 아, 불쌍한 죄인 여러분, 그렇다면 잠시 생각해 보십시오. 여러분은 하나님의 집에서 빠져나와 또다시 웃고 떠들기를 바라며 매우 행복해하고 아무 걱정이 없습니다. 그런데 보십시오. 그리스도께서 울고 계십니다! 자, 그리스도께서는 여러분의 처지를 전부 아십니다. 현세와 내세를 모두 보십니다! 여러분과 같은 사람들에게 지옥이 있는 것이 틀림없습니다. 그렇지 않으면 그리스도께서 울지 않으셨을 것입니다.

믿는 분들은 여기서 멸망할 영혼들을 보고 우는 법을 배우십시오. 가까이 가서 그들의 처지를 보고, 우십시오. 이것이 그리스도 성품의 주된 특징이었습니다. 여러분이 그리스도를 닮고 싶다면, 여기서 그리스도를 닮으십시오. 그리스도께서 하신 것처럼 세상을 사랑하고, 그리스도께서 하신 것처럼 세상을 위해 선뜻 고난을 받고, 그리스도께서 하신 것처럼 세상을 위해 기도할 뿐 아니라, 그리스도께서 하신 것처럼 세상을 보고 우십시오. 아무 실속 없이 세상과 함께 시시덕거리지 마십시오. 이들의 영혼을 속이시겠습니까?

여러분이 하나님을 잊고 사는 무리들 한가운데서 회심하지 않은 불쌍한 영혼들과 뒤섞여 이들이 늘 하던 대로 노래하고 즐기면서 함께 술 마시고 춤을 추고 신나게 웃고 떠든다면, 이들의 회심을 위해 무엇을 하리라 기대할 수 있겠습니까?

여러분이 할 일은 이들을 보고 울고, 이들을 구원하려고 애쓰는 것이지, 여러분의 기독교를 끌어내려, 이들과 함께 세상에 빠지고, 하나님을 잊고, 육신을 즐기고, 생각 없이 미련한 짓을 일삼는 것이 아닙니다. 이들을 돕고 싶다면,

이들을 위해 울 마음을 주실 하나님의 성령을 구해야지, 죄책과 위험을 잊기 위한 이들의 암울한 방법에 동참해서는 안 됩니다.

멸망할 자들을 내려다보시며 흘리시는 구주의 눈물만 생각하십시오. 그러면 틀림없이 여러분은 겁을 먹고 여러분의 자리와 그분과 맺은 관계를 다시는 잊지 못할 것이고, 회심하지 않은 불쌍한 영혼들을 위해 가슴을 찢고 눈물을 쏟게 될 것입니다. 두 번 다시는 이들의 얼빠진 웃음과 지옥 잊은 쾌락에 동조하지 마십시오.

"하나님이여 피 흘린 죄에서 나를 건지소서"(시 51:14).

8

잃어버린 자를 보고 구주께서 흘리시는 눈물

8. 잃어버린 자를 보고 구주께서 흘리시는 눈물[9]

가까이 오사 성을 보시고 우시며 이르시되 너도 오늘 평화
에 관한 일을 알았더라면 좋을 뻔하였거니와 지금 네 눈에
숨겨졌도다(눅 19:41-42).

예수 그리스도는 어제나 오늘이나 영원토록 동일하십니다
(히 13:8). 지금도 예루살렘을 보고 우시던 그때와 같은 구
주이십니다. 그리스도께서 지금도 그때처럼 땅 위에 계셨
다면, 회개하지 않는 예루살렘을 보고 우셨듯이, 오늘밤
여기 있는 많은 사람을 보고 우셨을 것이 틀림없습니다.
이 말씀에서 세 가지를 보여 드리겠습니다.

---

9 1841년 12월 31일, 목요일 저녁에 한 설교.

1. 복음은 사람의 평화에 관한 일입니다

"내 하나님의 말씀에 악인에게는 평강이 없다 하셨느니라"

(사 57:21).

1) 복음은 양심의 평화에 관한 일입니다.

죄는 모든 슬픔의 원인입니다. 여러분이 비참한 까닭은 바로 여러분이 죄의 종이기 때문입니다. 근심하는 죄인에게 처음 평안을 가져다주는 것이 복음입니다. 복음 안에서 그리스도와 그리스도의 의가 제시되고, 구원에 이르도록 그리스도를 바라볼 때 죄인의 등짐이 벗겨집니다. 여러분 중에 그리스도께 온 사람은 평안을 누립니다. 거센 유혹과 정욕 한가운데서도 평안합니다. 한번 은혜 아래 있으면, '죄가 다시는 나를 주장하지 못하리라'고 말할 수 있습니다(롬 6:14). 어느 쪽으로도 피할 길이 없어 보이고, 세상이 영혼을 잡으려고 그물을 쫙 펼치고 있을지라도, 살아계신 예수님만 뚫어져라 바라보면, 영혼은 평안할 수 있습니다. 참 평안은 "세상 죄를 지고 가는 하나님의 어린양"(요 1:29)을 바라보는 사람만 누릴 수 있습니다. 죄인 여러분,

복음은 여러분이 멸시하는 것을 볼 때 여러분의 평화에 관한 일입니다. 그리스도 밖에는 평안이 없습니다. 사탄의 화살이 쉴 새 없이 날아드는 이 세상에 평안과 안전은 예수님의 날개 밑밖에 없습니다. 물론 많은 사람이 그리스도 밖에서도 평안합니다. 하나님의 진노와 저주 아래 살면서도 행복에 겨워합니다. 그런데 왜 그렇습니까? 그 비밀이 여기에 있습니다. 눈이 멀고, 감각이 없고, 영혼이 죽었기 때문입니다. 이들은 자기 자신을 모릅니다. 아, 지옥의 벼랑 끝에 서 있으면서도 안전하다고 생각합니다. 아, 죄인 여러분, 그래서 여러분이 그렇게 행복한 것입니다. 그러나 여러분 중에 육신에 속한 가장 걱정 없는 죄인의 평안이 영원히 깨질 날이 다가옵니다.

2) 복음은 특별히 어려울 때 여러분의 평화에 관한 일입니다.

사람은 고생하려고 태어납니다(욥 5:7). 올 한 해도 드러났듯이, 여러분 가운데 많은 가정에 잦은 질병과 죽음과 고별이 있었습니다. 내년 한 해도 무슨 일이 생길지 누가 압니까? 회심하지 않은 사람은 어려울 때 평안을 얻지 못합니다. 폭풍이 몰아칠 때 닻이 없고, 평안의 샘이 없고,

폭우를 피할 곳이 없습니다. 폭풍이 다가올 때 평안이 없는 것이 얼마나 끔찍하고 비참한 일입니까! 곤경과 질병과 죽음이 찾아오기 전에 그리스도께 들어가는 것이 중요하다는 것은 틀림없는 사실입니다. 참으로 복음은 여러분의 평화에 관한 일입니다. 저는 여러분과 함께 있는 내내 여러분에게 평안을 제안했습니다. 여러분이 그리스도를 얻으면 평안을 얻을 것이고, 그리스도를 얻지 못하면 절대로 평안을 얻지 못할 것입니다. 그리스도는 모든 바람을 피하는 은신처이십니다. 여러분이 아프지도 않고 어려운 일도 없다면, 씩씩할 수 있고 나름 평안할 수도 있습니다. 아, 하지만 재앙이 닥칠 때 어떻게 하시겠습니까? "내가 네게 보응하는 날에 네 마음이 견디겠느냐 네 손이 힘이 있겠느냐"(겔 22:14)?

3) 복음은 죽을 때에도 평안을 줍니다.

아, 죄인 여러분, 죽을 때에 무엇이 여러분에게 평안을 줄 수 있습니까? 거들떠보지도 않은 성경이 줄 수 있습니까? 일평생 하나님을 거역하고 산 일을 떠올린다고 위안을 얻겠습니까? 여러분의 악한 삶을 즐거이 되돌아보겠습니까? 재미있는 친구가 여러분을 재미있게 해 주겠습니까?

그날 여러분의 즐거운 웃음소리가 모두 어디로 사라질까요? 진노의 날에 돈이 여러분을 돕겠습니까? 복음에 복종하지 않는 사람들의 끝은 어떠할까요? 죄인 여러분, 평화롭겠습니까? 아, 아닙니다! 지금은 여러분이 하나님의 백성을 조롱하고, 회심이라는 개념 자체를 비웃습니다. 여러분, 그 끝이 평화로우리라고 생각하십니까? 여러분은 그렇게 생각할지 모릅니다. 그런 행동이 죽음을 끔찍하게 만들지 않으리라 생각할지 모릅니다. 아, 그러나 죄인 여러분, 그것은 다만 사탄이 여러분의 눈을 가리고 있기 때문입니다. 죄는 죽음이 쏘는 것입니다(고전 15:56). 네, 지금 여러분이 꼭 끌어안고 있는 바로 그 죄 말입니다. 여러분의 달콤한 잔은 죽을 때에 독이 될 것입니다. 지금은 달겠지만, 마침내 독사같이 물 것입니다(잠 23:32).

여러분이 오늘밤 여기 앉아 있는 것이 확실하고, 이 한 해가 지금 여러분의 머리 위로 지나가고 있는 것이 확실하듯이, 여러분의 죄가 죽지 않는 구더기가 되고, 결코 꺼지지 않는 불이 되리라는 것도 확실합니다(막 9:48). 심판이 가깝습니다. 그렇다면 복음은 여러분의 평화에 관한 일 아닙니까? 여러분 중에 몇몇 사람은 여러분이 재앙을 당하는 날에, 이 집에서 복음이 값없이 전해지는 소리가 더는 들리지 않을 때, 여러분 발밑에서 맑은 생수가 흐르던 때가 떠오를 것이고, 그때 여러분은 이것이 여러분의 평화에 관한 일이라고 고백하겠지만, 이 일이 여러분 눈에 영원히 숨겨질 것입니다. 아, 죄인 여러분, 그리스도는 여러분의 평화에 관한 분이십니다. 그리스도만이 여러분에게 평안을 주실 수 있습니다. 그리스도께서 죽음이 쏘는 것을 몸소 가져가셨습니다. 그분은 우리의 화평이십니다.

저는 벌써 몇 해째 여러분에게 평화를 전하고 있습니다. 저는 화평하게 하는 사람이었습니다. 아, 형제 여러분, 그런데 왜 이 평화를 받아들이지 않으려고 하십니까? 왜 늘 진리를 거스르십니까? 왜 아직도 그리스도와 그 복음을 멸시하려고 하십니까? 아, 여러분이 일찌감치 지혜를 얻어, 여러분의 평화에 관한 일에 귀 기울이시기를 바랍니다!

2. 이제 은혜의 날이 있다는 것을 보여 드리겠습니다

"너도 오늘 평화에 관한 일을 알았더라면 좋을 뻔하였거니와 지금 네 눈에 숨겨졌도다." 자연의 날은 동틀 때가 있고, 한낮이 있고, 한밤중이 있습니다. 저는 은혜의 날도 마찬가지라고 믿습니다. 예루살렘은 동틀 때, 곧 선지자들이 서서 오실 구주를 이야기하던 때가 있었습니다. 또 예수님이 서서 "누구든지 목마르거든 내게로 와서 마시라"(요 7:37)고 외치시던 한낮이 있었고, 예루살렘을 보고 우시며 '너도 오늘 평화에 관한 일을 알았더라면 좋았을 텐데' 하시던 한밤중이 있었습니다. 은혜의 날은 죄인들에게 그리스도가 제안되는 때입니다. 이 기간이 평생인 사람들이 있습니다. 이들은 복음이 전해지는 데서 태어나고, 그 안에서 살다가 죽습니다. 은혜의 날이 때때로 죽기 전에 끝난다고 생각하는 신학자들도 있는데, 이 말이 사실이든 아니든, 한 가지는 확실합니다. 성령의 역사를 거슬러 마음이 점점 완고해지는 일이 있다는 사실입니다. 저는 이것을 여러분 사이에서 자주 봤습니다. 여러분이 앉아서 구원의 제안을 듣는 시간이 길어질수록 여러분은 점점 강퍅해집니다. 여러분의 우상에 더욱 눈길을 두게 되고, 여러분 마음의 계략을 더욱 따르게 됩니다. 이제 은혜의 날이라고 할 만한 몇 시기를 말씀드리겠습니다.

1) 어릴 때가 은혜의 날입니다. 저는 이것이 왜 그런지 아는 체하지 않겠습니다. 그렇지만 하나님은 당신의 한없

는 지혜로 어린 시절을 구원받기에 가장 좋은 때로 정하셨습니다. 아주 놀랄 만한 사실이 관찰되었는데, 오늘날과 지난날 큰 부흥이 일어날 때마다 회심한 사람은 거의 어린 사람이었다는 것입니다. 조나단 에드워즈는 『놀라운 회심과 부흥 이야기』(부흥과개혁사)에서 이것을 언급하고, 제임스 로브James Robe도 1742년에 킬시스Kilsyth 등지에서 일어난 부흥 이야기를 담은 책에서 같은 것을 언급합니다. 우리도 이것을 보지 않았습니까? 어린 사람들은 마음이 누그러지고 돌아서는데, 더 나이 든 사람들은 죄 가운데 점점 완고해지기만 하지 않았습니까? 아, 청소년 여러분, 그 시기를 잘 활용하시기를 간청합니다. 마음이 아직 여리고 부드러울 때 주님을 찾으십시오. 미루면 미룰수록 더 완고해질 것이고, 사람의 생각대로 말하자면, 구원받기가 더욱 어려워질 것입니다. 물론 하나님은 나이와 상관없이 모든 죄인을 구원하실 수 있지만, 특별히 어릴 때를 은혜의 날로 정하신 듯 보입니다. 하나님은 갓난아이의 노랫소리를 좋아하시고, 어린아이와 젖먹이들 입에서 나오는 찬송 소리를 좋아하십니다(시 8:2). 아, 형제 여러분, 그렇다면 어린 날에 여호와를 찾지 않으시겠습니까? 여호와를 만날 만한 때에 부르지 않으시겠습니까(사 55:6)? 여러분이 구원받지 못한 채로 어린 날을 그냥 지나쳐 보낸다면, 지옥에 갔을 때 여러분이 허비한 특권을 잊지 못해 영원토록 대성통곡할 것입니다.

2) 복음 사역의 때도 특별한 은혜의 날이라고 할 만합니다. 하나님은 이때를 주고 거두시는 데 큰 주권이 있으십니다. 때때로 목회가 살아 있게 하시다가도, 죽은 목회를 보내십니다. 저는 이것을 자주 봤습니다. 예루살렘은 말씀이 신실하게 전해지던 때가 있었습니다. 오랫동안 선지자들이 와서 평안을 전했습니다. 하나님은 심부름꾼을 자주 보내시되, 일찍 일어나서 보내셨습니다(렘 7:25, 바른 성경). 예수님은 믿지 않는 유대인들 한복판에 자주 서서 평안을 제안하시고 하나님 나라 복음을 전하셨습니다. 그때 은혜의 날이 있었습니다. 아, 그런데 그들은 이 사실을 알지 못했고, 이제 그날들이 그들 눈에 숨겨졌습니다. 그리고 지금 제 앞에 계신 여러분도 은혜의 날이 있었습니다. 여러분, 이날들을 잘 활용하지 않고 그냥 지나쳐 보내시겠습니까? 아, 죄인 여러분, 머리 위에 하나님의 진노가 맴도는 상태로 새해를 맞이하시겠습니까? 아, 구원받지 못한 채로

한 해 한 해를 그냥 지나쳐 보내는 것은 정말 끔찍한 일 아닙니까? 이 해를 마무리할 시간이 이제 얼마 남지 않았고, 여러분은 새해의 마지막 날을 볼는지 알지 못합니다. 그전에 여러분 중에 많은 사람에게 맨 마지막 원수가 찾아올지 모르고(고전 15:26), 그 전에 여러분은 결산을 요구받을지 모릅니다. 아, 죄인 여러분, 들어가기를 힘쓰십시오!

3) 어떤 곳에 성령을 부어 주실 때도 특별한 은혜의 날입니다. 그럴 때 많은 사람이 하나님 나라로 밀려듭니다. "천국은 침노를 당하나니 침노하는 자는 빼앗느니라"(마 11:12). 사람의 생각대로 말하자면, 그런 때에 구원받기가 더 쉬워 보입니다. 형제 여러분, 여러분도 그런 때가 있었고, 여러분에게 구원받는 것은 쉬운 일이었습니다. 제가 여러분을 떠나 있던 그 해였습니다. 아, 그런데 여러분 중에 많은 사람이 그때를 그냥 지나쳐 보냈습니다. 이 말씀은 참으로 여기 계신 많은 분에 관한 이야기인지도 모릅니다. "추수할 때가 지나고 여름이 다 하였으나 우리는 구원을 얻지 못한다 하는도다"(렘 8:20). 아, 형제 여러분, 여러분은 큰 혜택은 받은 사람들입니다. 그러나 잊지 마십시오! 복음의 자비가 찾아오는 이날들은 금방 지나가 버리

고, 다시는 돌아오지 않을 것입니다. 이때 구원받지 못한 채로 남게 된다면, 아, 여러분은 영원토록 얼마나 비참할까요! 여러분은 1839년 가을에 여기서 봤던 그런 날을 다시는 못 볼지 모릅니다. 아, 다만 지혜로워지고 싶다면, 여러분에게 자비가 찾아오는 날을 놓치지 마십시오.

3. 이제 그리스도께서 가장 완고한 죄인이라도 구원하시기를 기뻐하신다는 것을 보여 드리겠습니다

"가까이 오사 성을 보시고 우시며." 그리스도께서는 여기서 당신이 죄인 구원하시기를 기뻐하신다는 두 가지 증거를 주십니다. 곧, 당신의 눈물과 말씀입니다. 이것은 거짓 눈물을 흘리신 적 없는 분의 눈물이었고, 거짓말하신 적 없는 분의 말씀이었습니다. 그리스도께서는 거짓말하실 수 없습니다. 그런 분이 '아, 너도 알았더라면 좋았을 텐데' 하고 말씀하셨습니다. 이것은 깨어진 소원이었습니다. 이것은 가장 큰 애정과 연민을 보여 줍니다. 그리스도께서는 불쌍한 마음에 창자가 끊어질 지경이었습니다. 이들의 영혼을 사랑하셨기 때문입니다. 그리스도의 바람은 진실한 바람이었습니다. 그리스도께서는 이들이 죄 가운데 있는 것을 보셨습니다. 이들이 선지자들을 죽이고 선지자들이 전한 소식을 무시한 것을 보셨고, 이들이 곧 당신을 십자가에 못 박아 그 손이 당신 피로 붉게 물들 것을 보셨습니다. 그런데도 이들을 보시고 우셨습니다. 이들에게 심판이 다가오는 것을 보셨고, 이들이 곧 지옥에 눕게 될 것을 보셨습니다. 그래서 눈물을 흘리시며 "너도 오늘 평화에 관한 일을 알았더라면 좋을 뻔하였거니와 지금 네 눈에 숨겨졌도다" 하고 외치셨습니다.

저는 오늘밤 이곳에 그리스도께서 같은 말씀을 하시는 사람이 있다고 믿습니다. 그리스도께서는 여러분이 빛과 사랑을 거슬러 죄지은 것을 보시고, 지금 여러분의 머리 위로 지나간 이 52주일 동안 성령님을 거스른 것을 보십니다. 여러분이 모든 경고를 어떻게 저항했는지 보시고, 당신의 일꾼들을 어떻게 거슬렀는지, 하나님의 아들을 어떻게 거스르고 어떻게 다시 십자가에 못 박았는지(히 6:6), 그 친구들 집에서 그리스도께 어떻게 상처를 입혔는지 보십니다(슥 13:6). 그런데도 '너도 오늘 평화에 관한 일을 알았더라면 좋았을 텐데' 하고 말씀하십니다. 죄인 여러분, 여러분은 아마 돌이키지 않을 것이고, 아마 멸망할 것입니다. 새해가 다 가기도 전에 지옥에서 고통 가운데 눈을 뜰지도 모릅니다. 거짓말하실 수 없는 분이 말씀하십니다. 여러분이 구원받기를 바랐다고. 죄인 여러분, 여러분이 멸망한다면, 여러분의 피가 여러분의 머리로 돌아갈 것입니다(행 18:6). 그리스도께서 구원하시기를 기뻐하신다는 것이 바로 복음의 진수입니다. 그리스도께서는 아무도 멸망하지 않고 모두 당신께 와서 살기를 바라십니다. 어떤 사람은 '그리스도께서 구원하시기를 기뻐하셨다면, 왜 예루살렘은 구원하지 않으셨느냐?'고 물을 것입니다. 저는 여러분이 복음을 발견하면 복음을 받아들여야 한다고 답변드리겠습니다. 이런 문제를 캐묻는 것은 여러분이나 제가 할 일이 아닙니다. 우리는 그리스도께서 구원하시기를 기뻐하신다는 것을 아는 것으로 족합니다. 그리스도께서는 말씀하셨습니다. "누구든지 목마르거든 내게로 와서 마시라"(요 7:37). "내게 오는 자는 내가 결코 내쫓지 아니하리라"(요 6:37).

자, 형제 여러분, 끝으로 권고드릴 말씀은 좁은 문으로 들어가기를 힘쓰시라는 것입니다. 많은 사람이 들어갔습니다. 여러분은 왜 안 들어가십니까? 여러분 부모나 자녀나 아내나 남편이 들어가는 것을 여러분은 봤을지 모릅니다. 아, 그런데 왜 여러분은 들어가면 안 됩니까? 지혜로워지고 싶다면, 들어가기를 힘쓰십시오. 이 밤을 그냥 지나쳐 보내시겠습니까? 구원받지 못한 영혼으로 새해를 맞이하시겠습니까? 여러분은 그 자리에 다시는 못 앉을지 모릅니다. 그런데도 여전히 이 소식을 무시하시겠습니까? 여러분은 여러분이 무슨 짓을 하는지 모릅니다. 아, 형제 여러분, 제가 여기 서서 여러분이 거기에 앉아 있는 것을 보고도 눈물을 흘리지 않을 수 있다면 놀랄 일입니다. 늦지 않게 잘 생각해 보십시오. 진노의 자녀로, 하나님의 원수로, 지옥의 상속자로 남아 있는데 아직도 만족하십니까? "어찌하면 내 머리는 물이 되고 내 눈은 눈물 근원이 될꼬 죽임을 당한 딸 내 백성을 위하여 주야로 울리로다"(렘 9:1). 아멘.

ACTS

로버트 맥체인 설교집

사도행전

ROBERT MCCHEYNE

1

스데반의 죽음

1. 스데반의 죽음[10]

> 그들이 돌로 스데반을 치니 스데반이 부르짖어 이르되 주
> 예수여 내 영혼을 받으시옵소서 하고(행 7:59).

스데반은 그리스도 까닭에 죽은 첫 순교자였습니다. 스데
반은 자신을 뒤따른 그 누구보다 구주를 더 닮은 듯 보입
니다. 그 얼굴부터 천사의 얼굴과 같았습니다(행 6:15). 유
대인들과 논쟁하는 데서 스데반의 반박하기 힘든 지혜는
그리스도의 지혜와 똑 닮았습니다. 숨을 거두기 직전 원
수들을 위해 한 스데반의 기도는 구주께서 하신 기도와 거
의 같았고, 자기 영혼을 주 예수님 손에 맡긴 것도 그리스
도께서 "아버지 내 영혼을 아버지 손에 부탁하나이다"(눅

23:46) 하실 때와 같은 확신으로 한 일이었습니다. 스데반이 이렇게 그리스도를 닮게 된 것은 예수님을 바라봤기 때문인 것이 틀림없습니다. 더구나 마지막으로 그리스도를 본 까닭에 마치 하늘에 있는 듯 고요한 마음(이것은 본성을 한참 뛰어넘는 것이었습니다)으로 죽음을 맞이할 수 있었던 것으로 보입니다.

여기서 눈여겨볼 것이 두 가지 있습니다. 먼저, 스데반이 그리스도께서 하나님 우편에 계신 것을 봤다는 것이고, 다음으로, 하나님 우편에 서 계신 것을 봤다는 것입니다. 그리스도께서 하나님 우편에 계신다는 말씀은 성경에 열여섯 번 나옵니다. 열세 번은 하나님 우편에 앉아 계신 것으로 나오고, 두 번은 하나님 우편에 계신 것으로 나오는데, 여기에서만은 하나님 우편에 서 계신다고 말합니다. 스데반이 "보라 하늘이 열리고 인자가 하나님 우편에 서신 것을 보노라"(행 7:56)고 소리친 것을 보면, 이것이 스데반의 마음에 아주 생생하고 인상 깊게 다가왔던 모양입니다. 그리고 나서 스데반은 그리스도께서 손을 내밀어 자기를 받아 주실 것을 달콤히 확신하면서 이렇게 부르짖었습니다. "주 예수여 내 영혼을 받으시옵소서."

교리 - 그리스도께서 하나님 우편에 계시고, 거기서 죽어 가는 신자를 맞이하려고 일어서시기 때문에, 믿는 사람은 자기 영혼을 주 예수님께 맡겨야 합니다.

1. 그리스도께서 하나님 우편에 계신다면, 믿는 사람은 죄 사함을 받은 것이 틀림없고, 그래서 평온한 마음으로 "주 예수여 내 영혼을 받으시옵소서" 하고 말할 수 있습니다

무덤이 그리스도의 머리를 영원히 덮었다면, 돌이 무덤 어귀에 여태껏 그냥 남아 있었다면, 그리스도께서 죄인들을 대신해 충분히 고난을 받으셨는지 의심할 만도 할 것입니다. "그리스도께서 다시 살아나신 일이 없으면 너희의 믿음도 헛되고 너희가 여전히 죄 가운데 있을 것이요"(고전 15:17). 그런데 그리스도께서 정말 하나님 우편에 계십니까? 그렇다면 돌이 무덤에서 굴려 옮겨진 것입니다. 하나님이 그리스도를 그 받은 저주에서 풀어 주셨습니다. 하나님의 공의가 온전히 만족되었습니다. 범죄자가 옥에 들어가 옥문이 닫혔는데, 다시 밖으로 나온 것을 본 적이 없다면, 아직도 옥에서 법의 마땅한 처벌을 받고 있다고 믿어도 좋을 것입니다. 그런데 옥문이 활짝 열리고, 이 죄수가 풀려나 거리를 활보하고 다니는 것을 봤다면, 이 사람이 나라의 공의를 만족시켰고, 받을 것을 다 받고, 치를 것을 싹 치렀다는 것을 바로 알았을 것입니다. 주 예수님도 마찬가지입니다. 예수님은 범죄자로 여겨지셨습니다. 죄책 있는 죄인들이 하나님께 저지른 죄악을 죄다 뒤집어쓰셨고, 그 때문에 정죄를 받으셨습니다. 예수님은 서둘러 십자가로 가서 죽으셨고, 암울한 감옥과 같은 바위 무덤에 갇히셨습니다. 돌이 무덤 어귀를 막았습니다. 여러분, 예수님이 밖으로 나오신 것을 본 적이 없다면, 아직도 법의 마땅한 처벌을 받고 계신다고 믿어도 좋을 것입니다. 그런데 보십시오! "그가 살아나셨고 여기 계시지 아니하니라"(막 16:6). "주께서 과연 살아나……셨다"(눅 24:34). 예수님을 심판하신 하나님이 예수님을 죽은 자 가운데서 다시 살리셨고, 하늘에서 당신 우편에 앉히셨습니다. 그러니까 여러분은 예수님이 하나님의 공의를 만족시키셨다고 확신할 수 있습니다. 예수님은 받을 것을 다 받고, 치를 것을 싹 치르셨습니다.

자, 이 설교를 듣는 분 중에 주 예수님께 매달리시는 분 계십니까? 이 예수님이 여러분이 보증인으로 받아들이는 구주이십니까? 그렇다면 안심하십시오. 여러분의 죄 사함을 받았습니다(마 9:2). 여러분의 보증인이 풀려났다면, 여러분도 풀려난 것이기 때문입니다. 그래서 죽어 가는 스데반이 그토록 마음이 평온했던 것입니다. 스데반도 여러분과 같이 본성이 악했습니다. 여러분과 같은 죄를 지었습니다. 여러분과 같은 정죄를 받았습니다. 그런데 자신이 보증인으로 받아들인 예수 그리스도께서 풀려나 하나님 우편에 서 계신 것을 보자, 스데반은 자기가 받을 정죄를 벌써 받았고, 자기 영혼에 품으신 하나님의 분노가 싹 풀렸다고 느꼈습니다. 이렇게 죄 사함 받은 것을 마음 깊이 확신했기 때문에, 자기 영혼을 그리스도의 손에 맡겼습니다. "주 예수여 내 영혼을 받으시옵소서."

아, 형제 여러분, 여러분도 같은 주 예수님께 매달리십시오. 예수님은 스데반이 죽었을 때와 마찬가지로 여전히 자유의 몸이십니다. 언제까지고 그러실 것입니다. 예수님은 받을 고난을 다 받으셨기 때문에, 죽음이 다시는 그분을 주장하지 못합니다(롬 6:9). 이 예수님을 여러분의 보증인으로 받아들이십시오. 여러분의 구원자로 꼭 붙드십시오. 그러면 여러분도 오늘 스데반과 같은 평안을 누릴 수 있을 것이고, 죽을 때에도 스데반과 같은 평온한 마음으로 이렇게 말할 수 있을 것입니다. "주 예수여 내 영혼을 받으시옵소서."

2. 그리스도께서 하나님 우편에 계신다면, 믿는 사람은 하나님이 받아 주시기 때문에, 스데반과 함께 평온한 마음으로 "주 예수여 내 영혼을 받으시옵소서" 하고 말할 수 있습니다

하나님의 아드님은 두 가지 면에서 사람들의 보증인이 되려고 오셨습니다. 먼저 사람들이 받아 마땅한 진노를 받는 데서, 다음으로 사람들이 게을리한 순종을 하는 데서 보증인이 되려고 오셨습니다. 그리스도께서 보증인으로 고난을 받으셨다면, 그리스도께 매달린 죽어 가는 모든 죄인은 하나님의 저주에서 풀려날 것입니다. 그리스도께서 보증인으로 순종을 하셨다면, 그리스도 자신과 그리스도께 매달린 모든 죄인은 영광의 자리를 상급으로 받을 것입니다. 자, 그리스도께서 죽은 자 가운데서 다시 살아나지 않았다면, 하나님이 그리스도의 순종을 영생의 가치가 있는 것으로 받지 않으신 것이 밝히 드러났을 것입니다. 하지만 그리스도께서 살아나셨고, 살아나셨을 뿐 아니라, 하나님 우편에, "영원한 즐거움"(시 16:11)이 있는 하늘에서 가장 영광스러운 자리에 계신다면, 저는 그리스도께서 사람의 보증인으로 하신 일을 하나님이 흡족히 여기신다고 굳게 믿을 것입니다. 임금이 어떤 대신한테 일을 맡기고 일을 잘 마치면 왕좌 바로 옆자리에 앉혀 주겠다고 약속하며 멀고도 험난한 길을 떠나보냈다고 생각해 보십시오. 이 대신이 돌아와 약속받은 상급을 청하지 않는다면, 여러분은 바로 '일을 제대로 못 마쳤나 보다' 할 것입니다. 하지만 이 대신이 군중의 갈채를 받으며 돌아와 대궐로 환대를 받고, 위엄의 우편에 앉은 것을 본다면, 여러분은 바로 '일을 잘 마쳤나 보다, 임금님이 참 흐뭇하신가 보다' 할 것입니다.

사랑하는 형제 여러분, 이와 꼭 마찬가지로 그리스도께서 당신과 우리의 아버지께 올라가신 역사상 가장 놀라운 날(그리스도인의 안식일은 이날을 쭉 기념하는 날입니다)에 여러분이 하늘에 있어서, 하나님이 말할 수 없이 흐뭇한 얼굴로 마치 '이제까지 너는 내 아들이라는 말을 들을 자격이 없었다'고 하시는 듯이 "너는 내 아들이라 오늘 내가 너를 낳았다"(히 1:5) 하시고, 또 "내가 네 원수로 네 발등상이 되게 하기까지 너는 내 우편에 앉아 있으라"(히 1:13) 하시면서 사람들의 보증인을 영광 가운데로 다시 받아 주신 것을 다 봤다면, 여러분은 그리스도의 순종이 아버지 보시기에 얼마나 큰 가치가 있었는지 알았을 것입니다. 그러나 이 모든 순종은 당신을 위해서가 아니라, 사람들의 보증인으로 견디신 것이었습니다. 그리스도 자신은 하늘을 떠나시기 전에도 아버지께서 받아 주셨습니다. 아버지와 한없이 가까우셨고 아버지께 한없이 소중하셨기에, 당신을 위해서는 사람이 되어 순종하실 필요가 없었습니다. 예수 그리스도께서 행하고 견디신 모든 일은 죄인들을 대신해 보증인으로 하신 일이었습니다.

여러분, 이 예수님을 여러분의 보증인으로 받아들이십니까? 여러분 자신은 하나님 앞에 내세울 것이 하나도 없기 때문에, 주 예수님께 매달리십니까? 그렇다면 믿음의 눈으로 하늘을 우러러 하나님 우편에 계신 예수님을 보십시오. 여러분이 예수님께 매달린다면, 하나님이 예수님을 받아 주신 만큼 여러분도 받아 주실 것입니다. 여러분도 여러분의 보증인만큼 하나님과 가까워질 것입니다. 아, 그래서 죽어 가는 스데반이 그토록 마음이 고요했던 것입니다! 스데반도 여러분과 같이 본성이 악했습니다. 여러분과 같이 하나님께 조금밖에 순종하지 못했습니다. 여러분과 같이 벌거벗은 죄인이었습니다. 그런데 주 예수님을 자신의 보증인으로, 자신의 대리인으로 받아들였고, 그래서 그분이 하나님 우편에 계신 것을 보자, 하나님이 그리스도만 아니라 자신도 이 사랑하시는 자 안에서 받아 주셨다고 느꼈습니다. 이렇게 자신이 아버지께 가는 안전한 길이 그리스도 안에 있다고 마음 깊이 확신했기 때문에, 숨을 거두며 부르짖었습니다. "주 예수여 내 영혼을 받으시옵소서."

아, 벌벌 떠는 벌거벗은 죄인 여러분, 주 예수님께 매달리십시오. 예수님이 스데반에게 제안된 만큼 여러분에게도 제안됩니다. 예수님을 여러분의 보증인으로 받아들이십시오. 여러분의 구원자로 꼭 붙드십시오. 그러면 여러분도 오늘 스데반과 같이 여러분을 받아 주셨다고 느낄 수 있을 것이고, 죽을 때에도 같은 달콤한 확신을 가지고 이렇게 부르짖을 수 있을 것입니다. "주 예수여 내 영혼을 받으시옵소서."

3. 그리스도께서 죽어 가는 신자를 맞이하려고 서 계신다면, 믿는 사람은 큰 확신을 얻어서 평온한 마음으로 "주 예수여 내 영혼을 받으

시옵소서" 하고 말할 수 있습니다

믿는 영혼이 믿음 안에서 평강과 기쁨을 찾을 때(롬 15:13), 그 시선이 땅 위에 계시던 그리스도께만 머물기 쉽습니다. 잃은 양을 찾으시는 선한 목자로 기억하고, 사마리아 우물 곁에 앉아 계신 분으로 바라보고, 중풍병자에게 "안심하라 네 죄 사함을 받았느니라"(마 9:2)고 말씀하신 분으로는 기억하지만, 스데반이 본 곳, 지금 예수님이 계시는 하나님 우편은 좀처럼 볼 생각을 하지 않습니다. 자, 친구 여러분, 잊지 마십시오. 여러분이 온전한 그리스도인이 되려면 그리스도를 온전히 바라봐야 합니다. 눈을 들어 십자가부터 보좌까지 봐야 합니다. 그러면 그리스도께서 모든 곳에서 어제나 오늘이나 영원토록 동일하신 구주이신 것을 알게 될 것입니다(히 13:8). 그리스도께서 하나님 우편에 계신다고 말하는 곳마다 하나님 우편 보좌에 앉아 계신 것으로 이야기한다는 것을 저는 벌써 살펴봤습니다. 그런데 여기에서, 여기에서만은 그리스도께서 서 계신다고 말합니다. 다른 곳에서는 그리스도께서 당신의 영광을 누리시고, 당신의 안식 가운데 들어가신 것으로 말하지만, 여기에서는 보좌에서 일어나 하나님 우편에 서 계신다고 말합니다.

1) 간구하시려고 일어서십니다. "자기를 힘입어 하나님께 나아가는 자들을 온전히 구원하실 수 있으니 이는 그가 항상 살아 계셔서 그들을 위하여 간구하심이라"(히 7:25). 이 크신 중보기도자가 없었더라면, 믿는 사람은 얼마나 자주 버림을 받았을까요! 믿음은 얼마나 자주 쇠약해집니까! "육체와 마음은 쇠약하나"(시 73:26). 그러나 여기를 보십시오. 그리스도께서는 절대로 쇠하지 않으십니다. 죽음이 코앞에 닥치면, 몸과 마음이 아프고 괴로워, 구주에게서 자꾸 마음이 멀어집니다. 아, 그렇지만 그리스도를 진실로 받아들인 영혼은 행복합니다! 여기를 보십시오. 여러분이 여러분을 위해 기도할 수 없을 때, 그리스도께서 여러분을 위해 기도하시려고 보좌에서 일어서십니다. 믿음의 눈으로 그분을 우러러보고 이렇게 부르짖으십시오. "주 예수여 내 영혼을 받으시옵소서."

2) 보호하시려고 일어서십니다. ① 세상은 믿는 사람의 철천지원수입니다(한편으로는 유혹으로, 한편으로는 핍박으로). 아, 믿는 사람을 넘어뜨리려고 세상은 얼마나 안간힘을 씁니까! 행복한 성도 여러분, 여러분은 죽을 때 안전합니다! 먼저, 세상의 힘은 죽음 너머에 미치지 못하기 때문입니

다. 비꼬는 혀는 무덤 너머에 독설을 내뱉을 수 없습니다. 난폭한 돌멩이질은 몸은 죽일지언정, 그 이상은 더 어떻게 하지 못합니다(눅 12:4, 공동번역). 다음으로, 세상의 화살이 어쩌다가 무덤 너머에 미칠 수 있다 하더라도, 예수님이 막아 주시려고 일어나셨습니다. 예수님은 그 영원하신 팔로 세상을 떠나는 영혼을 떠받쳐 주십니다(신 33:27, 새번역). ② 마귀는 그때 더 나쁜 원수입니다. 마귀는 임종 침상 옆에 바짝 붙어 서서 자꾸 괴롭히지만, 여러분이 예수님을 꼭 붙들고 있다면 멸망시킬 수 없습니다. 그리스도께서 하늘과 땅의 모든 권세를 가지시고(마 28:18), 여러분의 영혼을 보호하려고 일어서십니다. "내니 두려워 말라"(요 6:20). 아, 사랑하는 형제 여러분, 죽을 때 예수님이 여러분을 위해 일어서시게 하려면, 여러분이 확신을 가지고 "주 예수여 내 영혼을 받으시옵소서" 하고 부르짖으려면, 지금 주 예수님께 매달리십시오!

3) 세상을 떠나는 영혼을 맞이하시려고 일어서십니다. 이것은 경건한 사람에게 가장 달콤한 위로를 줍니다. 믿는 영혼을 맞이하려고 거룩한 천사들이 기다린다고 생각해도 얼마나 좋습니까? 나사로는 죽어서 선한 천사들에게 받들

려 아브라함 품에 들어갔습니다(눅 16:22). 아, 그런데 예수님이 임종 침상을 내려다보시다가 당신을 사랑하는 영혼을 맞이하려고 일어서신다고 생각해 보십시오. 그러면 훨씬 더 좋습니다!

아, 사랑하는 형제 여러분, 예수님은 우리가 사는 내내 그러신 것처럼 우리가 죽을 때에도 인자한 구주이십니다. ① 여러분이 세상에서 기도 없이, 하나님 없이, 그리스도 없이 살 때도, 그리스도께서 온종일 손 내밀고 계시지 않았습니까? ② 여러분이 죄를 깨닫게 되었을 때, 여러분이 '나는 지옥에 가도 싸다', '하나님이 내 영혼을 조금도 불쌍히 여기지 않으신다 해도 하나님은 의로우시다'고 느꼈을 때, 그리스도께서 여러분 영혼에 다가와 "평강이 있을지어다"(요 20:21) 하지 않으셨습니까? ③ 또 여러분이 유혹의 힘에 눌려 끙끙거리며 내재하는 죄에 맞서 "오호라 나는 곤고한 사람이로다 이 사망의 몸에서 누가 나를 건져내랴"(롬 7:24) 하고 소리칠 때도, 그리스도께서 다가와 "내 은혜가 네게 족하도다 이는 내 능력이 약한 데서 온전하여짐이라"(고후 12:9) 하지 않으셨습니까? ④ 그런데도 여러분은 죽어 가는 고통의 무게에 짓눌려 탄식할 수 있습니다. 맨 마지막 원수는 사망입니다(고전 15:26). 싸움이 힘겨울 수 있습니다. 어두운 골짜기일 수 있습니다. 그렇지만 스데반이 본 곳을 보십시오. 예수님이 하나님 우편에 서 계십니다! 여러분을 맞이하려고 기다리고 계십니다! 아, 하나님이 여러분과 함께 계시고, 성령님이 여러분 안에 계시고, 그리스도께서 여러분을 맞이하려고 기다리고 계신다니, 이 얼마나 달콤한 죽음입니까! 보십시오! 세상을 떠나는 여러분의 영혼을 받으시려고 그리스도께서 손을 내미십니다. 여러분의 영혼을 그리스도의 손에 불어넣으며 이렇게 말씀하십시오. "주 예수여 내 영혼을 받으시옵소서."

1) 그리스도인에게는 죽는 것이 죽는 게 아니라는 것을 배우십시오. "무릇 살아서 나를 믿는 자는 영원히 죽지 아니하리라"(요 11:26). 죽음은 영혼을 그리스도의 손에 맡기는 것일 뿐입니다. 그리스도께서는 영혼의 가치를 아십니다. 영혼을 위해 죽으셨기 때문입니다.

2) 믿는 사람에게는 죽는 것이 사는 것보다 낫다는 것을 배우십시오. 그리스도께서 영혼을 맞이하려고 일어서신다면, 영혼은 예수님과 함께 있으려고 떠나는 것입니다. 그런데 그리스도와 함께 있는 것은 영광 가운데 있는 것이

니까, 그것이 훨씬 낫습니다. 아, 그리스도인 여러분, 몸을 떠나 주님과 함께 있기를 바라십시오(고후 5:8). 거기서 여러분은 핍박의 돌을 맞는 고통에서 벗어날 것입니다. 더는 비웃는 잔인한 친구도 없고, 여러분 영혼에 대한 의심도, 마음속에 죄도 없을 것입니다. "만일 내게 비둘기같이 날개가 있다면 날아가서 편히 쉬리로다"(시 55:6).

3) 예수 그리스도를 분깃으로 받지 못한 것이 얼마나 끔찍한 일인지 배우십시오. 여러분은 죽어야 합니다. 하지만 불쌍한 영혼이여, 그리스도 없이 어떻게 죽으시렵니까? 여러분의 죽어 가는 영혼을 누구한테 맡기시겠습니까? ① 여러분의 침상 둘레에서 기다리는 선한 천사도 없을 것이고, 여러분의 벌벌 떠는 영혼을 받으려고 내미는 섬기는 영들의 부드러운 손길도 없을 것입니다. ② 여러분을 맞이하려고 일어서시는 그리스도도 없을 것입니다. 여러분은 그리스도의 피로 씻긴 적이 없습니다. 그리스도께 와서 생명 얻기를 싫어했습니다. 그리스도께서 자주 손을 내미셨지만, 그 손을 뿌리쳤습니다. 그리스도께서는 이제 여러분을 불쌍히 여기지 않으실 것입니다. ③ 하나님도 없을 것입니다. 하나님이 여러분의 하나님이 아니실 것입니다. 여러분

의 친구가 아니실 것입니다. 여러분은 언제나 하나님의 원수였습니다. 여러분의 교만한 마음은 하나님과 화해하지 않을 것입니다. 여러분은 이제 하나님이 정말 원수시라는 것을 알게 될 것입니다.

여러분, 어디로 가시겠습니까? 여러분은 죽어야 합니다. 숨을 거두어야 합니다. 지금 저를 보는 그 눈을 죽을 때는 감아야 합니다. 여러분 가슴속에서 고동치는 그 심장이 멈추어야 합니다. 여러분의 영혼을 어떻게 하시겠습니까? 벌거벗고, 죄책 있고, 덜덜 떠는 그 영혼, 하나님의 진노가 그 위에 머물러 있는 영혼을 누구한테 맡기시겠습니까(요 3:36)? 어떤 천사도 감히 지켜 주지 못할 것입니다. 바위도, 굴도, 산도 못 숨겨 줍니다. 지옥 자체도 하나님의 의로운 진노를 피해 숨을 곳이 아닙니다. 아, 지금 지혜를 얻으십시오. "돌이키고 돌이키라……어찌 죽고자 하느냐"(겔 33:11)?

4) 그리스도 안에 있는 친구를 잃더라도 위로받는 법을 배우십시오. 친구가 여러분을 떠나간 것은 사실이지만, 훨씬 더 부드러운 손에 들어갔다는 사실을 잊지 마십시오. 여러분은 친구의 죽어 가는 몸 위로 허리를 굽히려고 일어

섰지만, 주 예수님은 친구의 죽지 않는 영혼을 맞이하려고 일어서셨습니다. 여러분은 가녀리지만 따뜻한 손길로 죽어 가는 친구의 베갯잇을 매만져 주었지만, 구주께서는 그 전능하신 손길로 세상을 떠나는 친구의 영혼을 위해 더 아늑하고 포근한 이부자리를 만들어 주셨습니다. 이런 친구의 믿음을 따르십시오. 같은 구주를 바라보십시오. 그러면 여러분도 죽게 될 때 똑같이 달콤하게 말할 것입니다. "주 예수여 내 영혼을 받으시옵소서."

2

안디옥에서 본 하나님의 은혜

2. 안디옥에서 본 하나님의 은혜

> 예루살렘 교회가 이 사람들의 소문을 듣고 바나바를 안디옥까지 보내니 그가 이르러 하나님의 은혜를 보고 기뻐하여 모든 사람에게 굳건한 마음으로 주와 함께 머물러 있으라 권하니 바나바는 착한 사람이요 성령과 믿음이 충만한 사람이라 이에 큰 무리가 주께 더하여지더라 (행 11:22-24).

안디옥은 믿는 사람들이 처음으로 그리스도인이라 일컬음 받은 유서 깊은 도시였습니다(행 11:26). 믿는 많은 사람이 핍박을 받고 그리로 내몰렸지만, 하나님은 악에서 선을 끌어내셨습니다. "먹는 자에게서 먹는 것이 나오고 강한 자에게서 단 것이 나왔느니라"(삿 14:14). 교회는 이 일에 깊은 관심을 보였고, 바나바를 보냈습니다. 바나바가 본 것은 모든 기독교회에 본보기가 됩니다.

1. 바나바가 본 것

1) 하나님의 은혜

하나님의 은혜란 예수님이 어떤 곳에 신령하게 임하시는 것입니다. 예수님은 안디옥에 오셔서 많은 사람이 당신께 돌아오게 하셨지만, 보이지는 않으셨습니다. 그렇다고 성령님이 보이셨다는 말도 아닙니다. 오신 분은 성령님이셨습니다. 성령님이 오셔서 깨우시고, 이끄시고, 어루만지시고, 채우시고, 거룩하게 하셨습니다. 그런데도 이 모든 일은 몰래 감추어 둔 만나와 같았고(계 2:17, 새번역), 흰 돌, 그리스도와 함께 하나님 안에 감추어진 생명(골 3:3), 속에서 샘솟는 생수와 같았습니다(요 7:38). 이것은 다 볼 수 없는 것들이었습니다.

그러면 무엇을 봤다는 말입니까? 이 사역의 결과를 봤다는 것입니다. 물이 나오는 근원은 감춰져 보이지 않을지라도 우물 아귀에 물이 차오르는 것은 보이는 것처럼, 꽃향기를 자아내는 이슬은 보이지 않을지라도 꽃이 피는 것은 보이는 것처럼 말입니다.

2) 하나님 은혜의 눈에 보이는 표지

① 주 예수 그리스도를 기뻐합니다.

빌립보 간수가 하나님을 믿고 크게 기뻐한 것처럼(행 16:34), 여기 이 사람들도 말씀을 기쁨으로 받았습니다. 전에는 다른 것들을 기뻐했습니다. 감각을 자극하는 것들, 먹고 마시는 따위의 온갖 욕구를 기뻐했고, 지성을 자극하는 책과 풍류와 소설과 천재와 시를 기뻐했고, 즐거움을 주는 옷과 춤과 잔치와 향락과 방탕과 노름을 기뻐했습니다. 그런데 이제는 그리스도를 기뻐합니다. 진주를 찾은 장사꾼과 같습니다(마 13:45). "무엇이든지 내게 유익하던 것을 내가 그리스도를 위하여 다 해로 여길뿐더러"(빌 3:7).

이것이 바나바가 본 것이었습니다! 이것은 하나님 은혜의 확실한 표지입니다. 사람들이 예수님을 귀하게 여기고, 예수님의 위격과 직분과 사역과 성품을 귀하게 여기게 된다면, 이것은 확실한 징표입니다.

본성으로는 그럴 수 없었습니다. 사람은 본성상 그리스도에게 걸려 넘어집니다. 그리스도는 건축자들이 버린 돌입니다(행 4:11). 사탄도 여러분을 그리로 인도하지 않았을 것입니다. 사탄은 그리스도의 큰 원수입니다. 그리스도에게서 꾀어내려고 안간힘을 쓰는 것이 사탄입니다. 여러분이 사람들 속에서 그리스도를 기뻐하는 마음을 본다면, 하나님의 은혜가 역사하노라고 확신할 수 있을 것입니다. 하늘에서는 다 주 예수 그리스도를 기뻐할 것입니다. 그리스도는 태양이요 중심이십니다. 구속받은 모든 사람이 "죽임을 당하신 어린 양은 능력과 부와 지혜와 힘과 존귀와 영광과 찬송을 받으시기에 합당하도다"(계 5:12) 하고 노래할 것이고, 자기네 관을 그리스도의 발 앞에 던지고, 자기네 금 대접을 그리스도 앞에 쏟고, 거문고를 뜯으며 그리스도를 찬송할 것입니다. 여러분이 하늘로 가는 길에 있다면, 이 표지를 가지고 있을 것입니다.

② 거룩함을 좇습니다.

전에는 이 사람들이 죄와 세상과 세상 것들에, 특별히 얽매이기 쉬운 죄에 마음을 기울였습니다. 자기들을 꾸짖거나 자기들이 좋아하는 죄를 반대하는 사람을 아주 싫어했습니다. 하나님의 은혜가 없는 데서는 이것이 매우 흔한 일입니다. 그런데 이제 죄를 두루 싫어하되, 자기네가 늘 짓고 살던 죄는 더욱 싫어했습니다. 바나바는 죄에 대해 흠뜯을 것이 별로 없었습니다. 이것은 은혜가 역사하고 있다는 확실한 표시입니다. 본성으로는 그럴 수 없었습니다. 육신에 속한 마음은 죄를 사랑합니다. 사탄도 이런 일을 하지 않을 것입니다. 사탄이 사탄을 내쫓는다면, 그 나라가 어찌 서겠습니까? 사탄의 나라는 어둠의 나라입니다. 하늘은 두루 거룩한 곳입니다. 더러운 것이 들어갈 틈이 없습니다. 이것은 성령님이 역사하고 계신다는 큰 표시입니다. 아, 이곳에도 이런 역사가 더욱 많다면 얼마나 좋을까요!

③ 사랑합니다.

전에는 이 사람들이 하나님도 다른 사람도 사랑하지 않았습니다. 다 자기들밖에 모르고, 자기네 이익만 꾀했습니다. 그런데 이제 그리스도와 하나 되자, 마음속에 거룩한 사랑의 기름이 부어진 것이 틀림없습니다. 하나님을 끔찍이 사랑하고, 하나님의 하나님 되심 때문에 하나님께 마음이 끌리고, 예수님과 성도들을 사랑하고, 온 세상에 두루 자비를 베풉니다. "사랑하는 자마다 하나님으로부터 나서 하나님을 알고 사랑하지 아니하는 자는 하나님을 알지 못하나니 이는 하나님은 사랑이심이라"(요일 4:7-8). 이것은 본성을 뛰어넘는 것입니다. 육신에 속한 사람은 상냥할지 몰라도, 그 안에 예수님이 품으신 신성한 사랑은 없습니다. 사람이 회심하는 순간, 이 사랑이 그 안에서 뚜렷해집니다. 회심한 사람은 어린양의 사랑의 성령을 나누어 받습니다. 이것은 사탄을 뛰어넘습니다. 사탄의 마음은 미움과 자랑이 그 원리입니다. 사탄은 될 수 있는 대로 여러분 마음속에 사랑을 넣지 않았을 것입니다. 이것이 바나바가 본 것이었습니다! 아, 우리도 여러분에게서, 모든 마을에서, 참으로 모든 나라에서, 온 세상에 하나님 은혜가 가득할 때까지, 이것을 더 많이 볼 수 있다면 얼마나 좋을까요!

하나님이 하시는 일은 다 아름답습니다. 들꽃과 백합도 아름답지만, 마음속 은혜의 역사는 가장 아름답고 가장 놀랍습니다.

2. 바나바의 마음에 미친 영향

바나바는 하나님의 은혜가 이렇게 나타난 것을 보고 기뻐했습니다.

1) 화내지 않았습니다.

바나바가 경건하지 않은 사람이었다면, 화를 냈을 것입

니다. 하나님의 은혜를 보는 것보다 더 경건하지 않은 사람의 화를 돋우는 것은 없습니다. 찌꺼기가 가라앉은 포도주 같이(습 1:12), 복음을 듣다가 졸고, 그리스도를 업신여기고, 회심하지 않은 채로 사는 사람들, 이것은 합리주의 신앙인데, 경건하지 않은 사람은 이런 사람들을 보고는 화내지 않을 것입니다. 하나님을 모독하고, 맹세지거리하고, 술 마시고, 노름하는 사람들을 봐도, 화내지 않을 것입니다. 은밀히 또는 가정에서 기도하지 않고, 아무 생각 없이 영원으로 미끄러져 가는 사람들을 봐도, 화내지 않을 것입니다. 그런데 하나님의 은혜를 보는 순간, 깨어서 자신의 끔찍한 처지를 보고, 예수님을 찾고, 죄를 버리고, 거룩한 사랑에 이끌려 사는 영혼을 보는 순간, 마음에 반감이 생깁니다.

첫째, 성경이 사실이라는 것을 보여 주기 때문입니다.

둘째, 자신이 돌이키지 않으면 죽어야 하는 잃어버린 죄인이라는 것을 보여 주기 때문입니다.

셋째, 예수님 앞으로 데려가기 때문입니다.

여기서도 얼마나 자주 그렇습니까! 한번 살펴보십시오. 최근에 하나님의 놀라운 역사가 있었을 때 여러분도 그러지 않았습니까?

　2) 샘내지 않았습니다.

　바나바가 받은 은혜가 적었다면, 샘을 냈을지 모릅니다. 사도 중에 이 일에 관여한 사람이 아무도 없었습니다. 바나바도 연륜 있는 목사였지만, 관여하지 않았습니다. 아마 이 사람들은 아주 놀라운 복을 받은 풋내기였을 것입니다. 받은 은혜가 적은 사람은 샘을 냈을지 모릅니다. '음, 뭔가 잘못된 점이 있을 텐데' 하고 말했을지 모릅니다. 그러나 바나바는 기뻐했습니다!

　3) 입 다물고 있지 않았습니다.

　바나바가 받은 은혜가 적었다면, 입 다물고 있었을지 모릅니다. 이 일을 인정하지 않으려고 신중하게 생각했을지 모릅니다. 아마 이 일과 관련해 경솔한 점이 많았을 것입니다. 바나바는 자기 명성에 흠이라도 날까 봐 겁이 나서, 하나님께 감사하지 않고 아무 말 없이 집으로 돌아갔을 수도 있습니다. 아, 오늘날 이런 사람이 너무 많아 걱정입니다. 하나님의 역사를 인정하기를 두려워한 사람이 너무 많고, 자기네 사역을 혹평할 것 같은 사람이 너무 많습니다. 여러분 중에도 그런 사람이 많을지 모릅니다. 바나바의 본을 주의 깊게 보십시오.

4) 기뻐했습니다.

바나바는 하나님의 은혜가 나타난 것을 보고 기뻐했습니다. 자기가 관여한 일은 아니었지만, 기뻐했습니다. 경솔한 점과 거짓된 마음과 위선자들이 많았을지 모릅니다. 그래도 기뻐했습니다.

첫째, 많은 영혼이 구원받은 까닭입니다. 바나바는 이 일을 기뻐하지 않을 수 없었습니다.

둘째, 예수님이 높아지신 까닭입니다.

셋째, 주님이 여전히 자신과 함께하신다는 표시였기 때문입니다.

사랑하는 친구 여러분, 이것으로 자신을 시험해 보십시오. 같은 일이 다시 일어난다면, 여러분은 어떻게 느낄까요? 거슬릴까요, 즐거울까요? 바나바는 착한 사람이요, 성령과 믿음이 충만한 사람이었습니다. 여러분도 같은 사람이라면, 똑같이 느낄 것입니다.

3. 바나바의 권면

바나바는 주님께 매달리라고 권했습니다(23절, KJV 성경)!

1) 주님께 돌이키는 것만으로는 안 됩니다.

안디옥의 젊은 그리스도인 중에는 '다 이루었다. 천국을 얻었다'고 생각한 이가 많았습니다. 이들은 평강과 기쁨과 위로와 사랑을 얻어서, 천국에 쉬이 다다르리라 생각했습니다. 그러나 바나바는 '아니다. 아직 다 안 끝났다. 이제 겨우 시작이다. 주님께 매달려라!'고 말했습니다. 회심, 곧 그리스도께 돌이키는 것은 신성한 삶의 시작일 뿐입니다. 수많은 유혹과 고난과 원수가 있을 것이고, 연약할 때가 찾아올 것입니다. 주님께 매달리십시오! '내 안에 거하라. 너희가 내 말에 거하면 내 제자가 된다'(요 15:4; 요 8:31)고 그리스도께서 말씀하셨습니다. 주님께 매달리지 않을 많은 사람이 돌이킨 듯 보일 것입니다. 떨어져나가는 사람이 많을수록, 여러분은 더욱 굳게 매달려야 합니다. 다른 사람은 그러지 않더라도, 여러분은 주님께 매달리십시오!

2) 그리스도인의 본분은 주님께 매달리는 것입니다.

바나바는 딱 한 번 설교한 듯한데, 그 내용을 간추린 것이 바로 이 말씀입니다. 사람들은 이런 연륜 있는 목사에게 별다른 것을 기대했을는지 모릅니다. 지금 어떻게 살아야 할지, 시간을 어떻게 알차게 쓸지, 유혹과 핍박과 죽음이 올 때 어떻게 해야 할지, 믿지 않는 친구를 어떻게 대해야 할지 조언해 주기를 바랐을지 모릅니다. 이 모든 문제의 답이 이 한마디에 담겼습니다. "주님께 매달리라!"

① 의로움을 위하여

여러분의 양심을 깨끗하게 지키십시오. 어떤 이들은 믿음에 관하여 이 양심을 버려서 파선했습니다(딤전 1:19, KJV 성경). 여러분의 의이신 완전하신 임마누엘께 매달리면 매달릴수록, 여러분은 더욱 평안하고 더욱 거룩해질 것입니다.

② 거룩함을 위하여

주님께 매달리십시오. 목사 말고, 사람 말고, 주님께! 그 전능하신 팔에 달라붙으십시오. 여러분은 주님 안에 얼마나 큰 위로와 생명과 은혜와 능력이 있는지 잘 모릅니다. 주님께 매달려 사십시오. 주님께 매달려 죽으십시오. 이것이 여러분의 본분입니다. 다른 모든 궁금하고 어렵고 복잡한 문제의 답이 바로 여기에 있을 것입니다.

3

루디아와 간수

3. 루디아와 간수[11]

거기서 빌립보에 이르니 이는 마게도냐 지방의 첫 성이요
또 로마의 식민지라 이 성에서 수일을 유하다가 안식일에
우리가 기도할 곳이 있을까 하여 문 밖 강가에 나가 거기
앉아서 모인 여자들에게 말하는데 두아디라 시에 있는 자
색 옷감 장사로서 하나님을 섬기는 루디아라 하는 한 여자
가 말을 듣고 있을 때 주께서 그 마음을 열어 바울의 말을
따르게 하신지라 그와 그 집이 다 세례를 받고 우리에게 청
하여 이르되 만일 나를 주 믿는 자로 알거든 내 집에 들어
와 유하라 하고 강권하여 머물게 하니라 우리가 기도하는
곳에 가다가 점치는 귀신 들린 여종 하나를 만나니 점으로

---

11 1836년 6월 29일에 배로우홀(Barrowhall)에서, 1836년 7월 3일에 두니페이스에
    서, 1836년 7월 4일에 블랙밀 캐넌(Blackmill Canon)에서, 1836년에 성 베드로 교
    회에서 한 설교.

그 주인들에게 큰 이익을 주는 자라 그가 바울과 우리를 따라와 소리 질러 이르되 이 사람들은 지극히 높은 하나님의 종으로서 구원의 길을 너희에게 전하는 자라 하며 이같이 여러 날을 하는지라 바울이 심히 괴로워하여 돌이켜 그 귀신에게 이르되 예수 그리스도의 이름으로 내가 네게 명하노니 그에게서 나오라 하니 귀신이 즉시 나오니라 여종의 주인들은 자기 수익의 소망이 끊어진 것을 보고 바울과 실라를 붙잡아 장터로 관리들에게 끌어 갔다가 상관들 앞에 데리고 가서 말하되 이 사람들이 유대인인데 우리 성을 심히 요란하게 하여 로마 사람인 우리가 받지도 못하고 행하지도 못할 풍속을 전한다 하거늘 무리가 일제히 일어나 고발하니 상관들이 옷을 찢어 벗기고 매로 치라 하여 많이 친 후에 옥에 가두고 간수에게 명하여 든든히 지키라 하니 그가 이러한 명령을 받아 그들을 깊은 옥에 가두고 그 발을 차꼬에 든든히 채웠더니 한밤중에 바울과 실라가 기도하고 하나님을 찬송하매 죄수들이 듣더라 이에 갑자기 큰 지진이 나서 옥터가 움직이고 문이 곧 다 열리며 모든 사람의 매인 것이 다 벗어진지라 간수가 자다가 깨어 옥문들이 열린 것을 보고 죄수들이 도망한 줄 생각하고 칼을 빼어 자결하려 하거늘 바울이 크게 소리 질러 이르되 네 몸을 상하지 말라 우리가 다 여기 있노라 하니 간수가 등불을 달라고 하며 뛰어 들어가 무서워 떨며 바울과 실라 앞에 엎드리고 그들을 데리고 나가 이르되 선생들이여 내가 어떻게 하여야 구원을 받으리이까 하거늘 이르되 주 예수를 믿으라 그리하면 너와 네 집이 구원을 받으리라 하고 주의 말씀을 그 사람과 그 집에 있는 모든 사람에게 전하더라 그 밤 그 시각에 간수가 그들을 데려다가 그 맞은 자리를 씻어 주고 자기와 그 온 가족이 다 세례를 받은 후 그들을 데리고 자기 집에 올라가서 음식을 차려 주고 그와 온 집안이 하나님을 믿으므로 크게 기뻐하니라 날이 새매 상관들이 부하를 보내어 이 사람들을 놓으라 하니 간수가 그 말대로 바울에게 말하되 상관들이 사람을 보내어 너희를 놓으라 하였으니 이제는 나가서 평안히 가라 하거늘(행 16:12-36).

하나님의 길은 우리의 길과 다르고, 하나님의 생각은 우리의 생각과 다릅니다(사 55:8). 하나님이 바울한테 사람 하나가 "마게도냐로 건너와서 우리를 도우라"(행 16:9)고 청하는 환상을 보여 주셨을 때, 자색 옷감 장수 루디아와 이방 빌립보 간수가 마게도냐에서 그리스도께 맺은 첫 열매가 되리라고 누가 상상이나 했겠습니까? "너희는 온 천하에 다니며 만민에게 복음을 전파하라"(막 16:15)는 사도의 사명을 받은 이 사람들이 로마의 식민지요 마게도냐 지방의 첫째가는 성인 빌립보에 이르렀을 때, 루디아와 간수의 집이 하나님이 복 주시려고 점찍어 두신 단 두 집이라고 누가 상상했겠습니까?

루디아는 보시다시피 소아시아 두아디라 성에서 자색 옷감 장사를 했고, 빌립보에 자리 잡고 살았습니다. 루디아는 집과 식구들이 있었습니다. 루디아가 유대인이었거나 적어도 유대교로 개종한 사람이었다는 것은, 안식일에 기도하려고 강가에 모인 그 여자들 틈에 있었다는 데서 뚜렷하게 드러납니다. 성경은 루디아가 하나님을 섬기는 여자였다고 말합니다. 그렇다면 루디아는 방탕하거나 불경건한 사람이 결코 아니었습니다. 유대인의 기도 예식에 참석했지만, 회심은 하지 못한 사람이었습니다. 아, 친구 여러분, 여러분 중에 루디아와 같이 방탕하거나 불경건하지 않고, 정직하고 존경받을 만한 삶을 살고, 은혜의 수단에 참여하고, 하나님을 섬기는 사람들과 어울리면서도, 루디아와 같이 회심하지 않은 사람, 그래서 하나님이 그 마음을 여셔서 하나님 사랑의 진리를 받아들이게 해 주셔야 할 사람이 얼마나 많습니까?

또 간수는 그 어두운 마음에 하나님을 아는 지식이나 구주에 대한 약속의 빛이 비친 적 없는 이방 사람이었던 것이 틀림없습니다. 포학하고 잔인한 사람이었습니다. 그 잔인한 성향이 어디에서 두드러지게 나타나느냐 하면, 바울과 실라를 든든히 지키라고 명하니까 그것을 핑계로 이들을 잔인하게 지킨 데서 나타납니다. 간수는 바울과 실라를 깊은 옥에 처넣었습니다. 그러지 않고도 얼마든지 든든히 지킬 수 있었을 것입니다. 그뿐만 아니라, 가장 깊은 옥으로도 이들을 붙들어 두기에 모자라기라도 한 것처럼, 이들의 발을 차꼬에 단단히 채웠습니다.

하나님이 마게도냐의 첫 열매로 고르신 사람들은 바로 이 두 사람, 형식으로만 신앙고백을 하는 사람과 마음이 완고한 이방인이었습니다. 이 말씀이 얼마나 참됩니까! "청함을 받은 자는 많되 택함을 입은 자는 적으니라"(마 22:14). 바울과 동료들은 그 성에 오래 있었고, 듣고자 하는 모든 사람한테 복음을 전했을 것이 틀림없습니다. 그런데 우리가 듣는 것은 마음이 열린 두 집, 그 일대에서 가장 가능성이 작아 보이는 두 사람, 곧 외국 여자와 이방 간수 이야기뿐입니다

그때나 지금이나 마찬가지입니다. 청함을 받은 사람은 많지만 택함을 입은 사람은 적습니다. 우리는 오늘 모든 사람에게 전할 소식을 가져왔습니다. 여러분 집 가운데 우리가 구원의 소식을 가지고 들어가려고 애태우지 않는 집은 한 집도 없습니다. 어른이나 아이 할 것 없이 우리가 오늘 그리스도를 제안하지 않는 사람은 한 사람도 없습니다. 그렇습니다. 여러분 중에 그 신앙이 아무리 죽어서 형식만 남은 사람이라도, 아무리 무지하고 잔인하고 불경건한 사람이라도, 주님이 우리에게 포기해도 좋다고 허락하시는 사람은 한 사람도 없습니다. 주님이 지금 이 시간 여러분 중에 누구에게 구원의 소식을 가져와서 그 마음을 열어 당신의 말씀을 따르게 하실지 우리는 모릅니다. 오늘 우리는 여러분 각 사람에게 그리스도와 그 모든 은택을 새로 또 제안합니다. 예수님의 피와 의, 충만하고 값없는 구원을 가져와서 여러분의 발 앞에 모두 내려놓습니다. 우리가 왜 죽으려고 하시냐고 물을 때(겔 33:11), 우리는 그리스도를

받아들이고 생명을 얻으라고 모든 사람을 초대하는 것입니다. 네, 여러분이 저한테 여러분 마음에 그리스도를 훨씬 더 뚜렷하고 능력 있게 전달할 방법을 가르쳐 줄 수 있다면, 저는 그 방법이 무엇이든 기꺼이 수용할 마음이 있습니다. 그런데 여러분이 다 받아들일까요? 여러분의 마음이 다 열릴까요? 여러분이 다 많은 탈취물을 얻은 사람처럼 값없이 죄 사해 주신 것을 즐거워하며(시 119:162), 딴 사람이 되어서 집으로 돌아갈까요? 아, 그렇지 않습니다! 하나님이 그렇게 하신다면, 평소에 다루던 방식과 다르게 행하실 것입니다. 비록 하나님이 여러분이 다 구원받기를 바라시고, 어른이나 아이나 한 사람이라도 멸망하는 것을 기뻐하지 않으신다고 해도, 하나님은 우리 말에 귀 기울일 사람이 많지 않을 것이라고 우리에게 똑똑히 말씀하시기 때문입니다. 하나님은 여러분 대부분이 쭉 완고해서, 한 사람은 자기 밭으로 한 사람은 장사하러 갈 것이라고 말씀하시고(마 22:5, 새번역), 여러분 대부분이 듣고 놀라고 멸망할 것이라고 말씀하십니다(행 13:41). 하나님이 오늘 여러분 중에 어떤 불쌍한 루디아의 마음을 열어 주신다면, 여러분이 몰라서 관심 갖지 못하는 어떤 이방인의 마음을 열어 주신다면, 어떤 완강하고 잔인한 사람을 이끌어 "내가 어떻게 하여야 구원을 받으리이까?" 하고 울부짖게 해 주신다면, 하나님이 우리의 수고에 대해 우리에게 기대할 것을 명하시는 보답은 이것이 전부입니다.

이제 둘 중에 더 온전한 형태로 나타난 빌립보 간수의 회심을 보면서 회심에 이르는 몇 단계를 간단히 따라가 봅시다. 회심은 언제나 같은 일입니다. 비록 일어나는 시간과 장소와 정황은 많이 다르지만, 회심의 주된 특징은 모두 같습니다.

1. 잃어버린 죄인인 것을 깨달은 것이 이 회심에 나타난 첫 번째 특징입니다

이것은 모든 참된 회심의 첫 번째 특징입니다. 우리는 바울과 실라가 채찍에 맞아 등이 파이고, 가장 깊은 지하 감옥에 처박혀 발이 차고에 단단히 차였는데도, 한밤중에 기도하고 하나님을 찬송한 것을 보게 됩니다. 고난을 당해 기도하면서도, 즐거워 찬송했습니다(약 5:13). 이제껏 죄수들의 울음소리와 신음 소리 아니면 훨씬 더 섬뜩하고 귀에 거친 이방인들의 하나님을 모독하는 소리밖에 울리지 않왔던 이 이방 감옥의 깜깜한 굴속 벽에 이제 처음으로 예수님을 찬송하는 소리가 울려 퍼진 것입니다. 죄수들이 이 소리를 듣는데 갑자기 큰 지진이 나서 옥터가 흔들리더니, 곧 문이 다 열리고 모든 사람의 매인 것이 다 풀어졌습니다. 이것은 하나님이 바울과 실라의 기도를 들으시고 이들의 찬송을 받으셨다는 표시였습니다. 간수는 자다가 깨어 옥문이 다 열린 것을 보고, 죄수들이 도망간 줄로 생각하고 칼을 빼어 자결하려고 했습니다. 그때 바울이 "네 몸을 상하지 말라 우리가 다 여기 있노라" 하고 크게 소리 질렀습니다. 그러자 이 완고한 사람 속에서 은혜의 역사가 시작되었습니다.

정확히 어떤 생각이 쭉 이어져 이 사람이 죄를 깨닫게 되었는지는 설명하기가 쉽지 않을 것입니다. 옥문이 이렇게 놀랍게 열린 것을 보고, 하나님이 이 사람들 편에 계시다는 것을 깨달았는지 모릅니다. 또 이들이 고난 가운데서도 참고 위급할 때에도 평온한 것을 보고도, 하나님이 참으로 이들 가운데 계신다는 것을 깨달았을 것입니다(고전 14:25). '내가 지극히 높으신 하나님을 몰라뵙고, 그 종들을 함부로 대했구나. 내가 이제껏 하나님과 맞서 싸웠구나.

내가 내 발로 지옥의 문턱까지 뛰어왔구나.' 이런 모든 생각이 머릿속을 스치자 잠에서 번쩍 깨어 자기가 잃어버린 죄인인 것을 철저히 깨닫게 된 것으로 보입니다. 등불을 달라고 해서 뛰어 들어가 두려워 떨면서 바울과 실라 앞에 엎드리고 그들을 데리고 나가서 "선생들이여 내가 어떻게 하여야 구원을 받으리이까?" 하고 물어봤기 때문입니다.

사랑하는 친구 여러분, "내가 어떻게 하여야 구원을 받으리이까?" 하고 물어본 적 있으십니까? 입술로만 아니라 진심으로? 답을 들을 때까지 안절부절못하는 사람처럼 불안에 떨면서 물어본 적 있으십니까? 유대인들처럼 얼굴을 시온으로 향하여 시온으로 가는 길을 물어본 적 있으십니까(렘 50:5)? 아, 친구 여러분, 이 문제를 놓고 한 번도 애태운 적이 없다면, 여러분은 죄를 깨달은 적이 없는 사람입니다. 여러분한테는 예수님을 전하는 것이 다 소용없는 일입니다. 여러분은 구주에게서 아무 의미를 찾지 못합니다. 자신이 구원받아야 할 위태로운 처지에 있다고 느끼지 않기 때문입니다. 그렇다면 여러분 속에서는 은혜의 역사가 시작된 적이 없습니다. 여러분은 지옥에 있지 않은 사람이 있을 수 있는 만큼 하나님 나라에서 멀리 있습니다.

할 수만 있다면, 지금 여러분을 부추겨 이렇게 물어보게 하겠습니다. '목사님, 지은 죄가 하나밖에 없어도 나는 지옥에 가야 마땅하다고 생각해 본 적 있으신가요?' 여러분은 하나님이 한없이 아름답고 사랑스러운 분이신 것을 압니다. 모든 완전한 것이 하나님 안에 거합니다. 어떤 피조물에게 있는 아름답고 사랑스러운 무엇이든지 하나님 안에 무한히 거합니다. 하지만 무엇이 사랑스러울수록, 우리는 그것을 더욱 사랑할 의무가 있습니다. 우리는 세상의 자녀보다 하나님의 자녀를 더욱 사랑할 의무가 있습니다. 하나님의 자녀가 더 사랑스럽고 더 우리의 사랑을 받을 가치가 있기 때문입니다. 그러나 하나님은 한없이 사랑스러우시고, 우리의 사랑을 한없이 받을 가치가 있으십니다. 그래서 우리는 하나님을 한없이 사랑할 의무가 있습니다. 우리가 하나님을 사랑하지 않는다면, 우리는 무한한 의무를 어기고 있는 셈입니다.

그러나 우리가 죄를 지을 때마다 하나님을 사랑하지 않는다는 것을 증명하는 것입니다. 하나님을 사랑했다면, 하나님의 뜻 행하는 것도 사랑했을 것이기 때문입니다. 그러니까 죄를 지을 때마다 무한한 의무를 어기는 것이고, 그래서 무한한 형벌을 받아야 마땅합니다. 그런데 무한한 형벌은 지옥입니다. 그러니까 모든 죄는 지옥에 해당합니다. 그렇다면 여러분이 벌 받을 죄가 하나밖에 없다고 생각해 보십시오. 친구 여러분, 그래도 그 죄 하나가 여러분을 가장 깊은 지옥에 떨어뜨릴 만큼 무거워서, 천사들과 사람들과 귀신들과 여러분의 양심이 '그래도 싸다. 그래 마땅하다'고 말하는 것을 보게 될 것입니다. 목에 연자 맷돌 하나만 달려도 바다 밑바닥에 가라앉을 것처럼, 양심에 용서받지 못한 죄 하나만 있어도 지옥 깊은 곳에 가라앉기에 충분합니다.

아, 친구 여러분, 그런데 여러분이 용서받지 못한 죄가 하나뿐입니까? 여러분 본성의 모든 기능이 죄 때문에 뒤틀리지 않았습니까? 머리는 온통 상처투성이고, 속은 온통 골병이 들었습니다(사 1:5, 새번역). 여러분의 판단이 죄 때문에 뒤틀리지 않았습니까? 여러분은 선을 악하다 하고 악을 선하다 하며, 단 것으로 쓴 것을 삼고 쓴 것으로 단 것을 삼지 않습니까(사 5:20)? 여러분의 기억이 죄 때문에 뒤틀리지 않았습니까? 여러분은 마귀한테 도움이 될 만한 것은 무엇이든 마음속에 얼마나 잘 간직합니까? 세상일이나 세상의 즐거움은 얼마나 잘 기억합니까? 그런데 하나님 일과 하나님 말씀은 까맣게 잊어 먹습니다. 여러분의 생각이 뒤틀리지 않았습니까? 여러분의 마음으로 생각하는 모든 계획이 항상 악할 뿐이지 않습니까(창 6:5)? 여러분은 이 고상한 기능을 가장 천박한 죄를 섬기는 데 얼마나 한결같이 남용했습니까? 어리석고 더럽고 사악한 장면을 떠올리는 여러분의 머리는 얼마나 골병이 들었습니까? 밤에 보초를 설 때 해괴망측한 생각이 머릿속을 가득 메우지 않습니까? 여러분의 마음도 뒤틀리지 않았습니까? 여러분은 영원히 복되신 창조주보다 피조물을 더 사랑하지 않았습니까? 여러분의 가장 뜨거운 감정을 한때 쓰이고 없어질 것에 다써 버리지 않았습니까(골 2:22)? 여러분이 사랑하던 것에서 여러분을 떼어 놓으면, 곧 다시 다른 헛되고 하찮고 보잘것없는 것에 마음을 내주지 않았습니까?

여러분 감정의 역사를 되돌아보십시오. 아, 우상숭배에 얼마나 미쳐 있었습니까! 목석에 절하는 힌두교 신자의 우상숭배만큼 초라하고 한심스러운 이 미친 우상숭배가 여러분의 극진한 사랑을 받기에 합당한 우주에 하나뿐인 존재를 여러분이 발로 짓밟았다는 것을 보여 주지 않습니까?

참으로 머리는 온통 상처투성이고, 속은 온통 골병이 들었습니다. 발바닥에서 정수리까지 성한 데가 없이, 상하고 멍들고 맞아 터진 자국뿐입니다(사 1:6, 공동번역). 그렇다면 여러분이 짊어진 죄가 얼마나 산더미 같은지 생각해 보십시오. 죄가 연자 맷돌처럼 여러분 목에 달랑 하나만 달린 것이 아니라, 여러분 위에 산더미 같이 쌓여 있습니다. 그 수는 여러분 머리털보다 많고, 그 하나하나가 다 여러분을 가장 깊은 지옥에 처박을 만합니다. 여러분은 그 재앙의 구덩이 위에 질병이라는 가위로 하룻저녁에 싹둑 잘릴지 모르는 가늘디가는 목숨줄 한 가닥을 의지해 대롱대롱 매달려 있습니다.

여러분은 이 짐을 느끼지 못하는 것이 틀림없습니다. 여러분의 영혼에 느껴지는 무게는 깃털보다 가볍습니다. 여러분은 등에 짐을 진 사람 같지 않습니다. 하지만 이것이 여러분의 처지를 훨씬 더 살벌하고 위태롭게 만듭니다. 아픈 사람이 아픈 것을 통 못 느낄 때 훨씬 더 위험한 것처럼, 노예가 속박의 무게를 못 느낄 때 훨씬 더 소망이 없는 것처럼, 여러분의 처지도 여러분을 짓누르는 하나님 진노의 무게를 못 느끼는 까닭에 훨씬 더 위험하고 심각합니다. 죄가 여러분 위에 산더미 같이 쌓였는데도, 여러분은 못 느낍니다. 아, 여러분 중에 잠에서 깨어 현실을 느끼는 사람 없을까요? 무시무시하게 무거운 전능자의 진노에 눌려 깜짝 놀라는 사람 없을까요? "선생들이여 내가 어떻게 하여야 구원을 받으리이까?" 하고 소리치는 사람 없을까요? 아, 여러분 중에 자기 죄를 진정으로 깨닫는 사람, 그리스도 없는 모든 영혼을 내리누르는 그 무게를 참으로 느끼는 사람이 하나라도 있다면, 저는 그 사람이 빌립보 간수처럼 벌벌 떨면서 가장 연약한 하나님의 자녀에게 '제가 어떻게 해야 구원을 받을까요?' 하고 물어보려고 얼마나 잽싸게 뛰어갈지 봐서 잘 압니다.

2. 그러나 서둘러 사도들의 답변을 보겠습니다

이것은 이 간수의 영혼을 깨워 두 번째 큰 깨달음을 얻게 했습니다. 곧, 의를 깨닫는 것입니다(31-32절).

"내가 어떻게 하여야 구원을 받으리이까?" 하고 묻는 각성한 영혼에게, 복음은 그 누가 생각해 낼 수 있는 것보다 더 단순합니다. 용서받지 못한 죄가 산더미 같이 쌓인 것을 정말로 느끼는 영혼에게, 자기가 할 수 있는 일이 아무

것도 없고, 아무리 기도하고 아무리 눈물을 흘리고 아무리
죄를 씻으려 해도 절대로 이 짐을 벗을 수 없다고 느끼는
영혼에게, 자신을 정말 다 비우고 싸움을 포기하고 불쌍한
영혼처럼 '끝났다 끝났어. 내가 나를 구원하기 위해 할 수
있는 일이 아예 없구나' 하고 한숨짓는 영혼에게, 죄짐을
다 지시고 저주를 다 받으신 예수님을 제안하는 것보다 더
분명하고 더 단순하고 더 마침맞은 것은 없습니다. 영혼은
짓누르는 산더미에서 스르르 빠져나와, 그 짐을 전능하신
구속자의 어깨에 떠맡깁니다. 기록되기를 여호와께서 우
리 모두의 죄악을 그에게 담당시키셨다고 했기 때문입니
다(사 53:6). 영혼은 그리스도를 죄를 짊어지신 분으로 택하
고, 그분께 매달리고, 영원토록 평안을 누립니다.

　　그러나 여러분 중에 많은 사람이 사도의 답변을 아주 어
리석게 생각합니다. '주 예수 그리스도를 믿으라'는 말씀을
의미 없게 여깁니다. 여러분 중에 많은 사람이 간수한테
사뭇 다른 답변을 주었을 것입니다. '정직한 사람이 되세
요. 술도 끊고, 맹세지거리도 하지 말고, 잔인한 짓도 하지
마세요. 점잖게, 세상에서 존경받을 만하게 사세요. 그러
면 구원받을 거예요' 하고 말했을 것입니다. 적어도 여러

분이 정직했다면, '예수를 믿는 것이 어떻게 사람을 구원할지 잘 모르겠어요' 하고 솔직하게 고백해야 했을 것입니다.

여기에 나타난 회심의 또 다른 결과는 성도들을 사랑하고 환대하는 것입니다. 루디아도 그랬고(15절), 마음이 완고한 간수도 그랬습니다. 간수는 바울과 실라를 잔인하고 가혹하게 대한 그 날 밤, 이들을 깊은 옥에 처넣고, 이들의 발을 차꼬에 채운 그 날 밤, 아니 칼을 빼어 자결하려고 해서 자신과 아내와 자식들한테 잔인했던 바로 그 날 밤, 이들을 데려다가 그 맞은 자리를 씻어 주고 자기와 온 가족이 다 세례를 받았습니다(33절). 이제 예수님을 믿는 사람이고, 사자가 어린양이 되었습니다.

이것은 하나님 자녀의 확실하고 영락없는 특징입니다. 여러분, 이것으로 자신을 살펴보십시오. 여러분이 회심하지 않은 세상에 속했다면, 여러분은 다음 둘 중에 한 사람과 같을 것입니다. 탐욕스럽고 욕심이 많고 부드드하고 쩨쩨하고 인색해서 부지중에 천사들을 대접할 최소한의 손해도 감수하지 않는 사람이거나(히 13:2), 그렇지 않으면 경건한 사람한테나 경건하지 않은 사람한테나 아낌없는 환대와 신사다운 아량을 비슷하게 쏟아붓는 사람이거나.

하지만 여러분이 하나님의 자녀라면, 여러분의 환대와 사랑은 사뭇 다를 것입니다. 여러분은 회심하지 않은 세상을 도와줄 마음이 있을 것입니다(요일 3:17). 이들을 사랑하사 위하여 자기 몸을 버리신 예수님처럼 말입니다(갈 2:20). 그렇지만 여러분의 마음속 단짝은 하나님의 자녀일 것입니다. 여러분은 하나님의 자녀에게 정말로 앞뒤 가리지 않고 환대를 베풀 것입니다. 헐벗으면 입히고, 배고프면 먹이고, 아프거나 옥에 간히면 찾아갈 것입니다(마 25:43). 이 그리스도의 형제 중에 지극히 작은 자 하나에게 하는 것이 곧 그리스도께 하는 것인 줄 아는 까닭입니다(마 25:40). 참으로 예수님의 제자라고 하면 유난히 기뻐하며 찬물 한 그릇이라도 줄 것입니다. 그러면 여러분은 결단코 상급을 잃지 않을 것입니다(마 10:42).

결론

처음에 말한 것으로 돌아가겠습니다. 청함을 받은 사람은 많지만 택함을 입은 사람은 적습니다. 우리는 오늘 여러분 한 사람 한 사람을 모두 초청합니다. 우리는 여러분이 장차 올 진노를 피해야 하는 까닭(여러분 위에 죄가 산더미 같이 쌓여서)을 여러분 앞에 보여 드렸습니다. 우리는 그리스도께서 그 짐을 다 짊어지시기에 온전하고 충분하시다는 것을 여러분 앞에 보여 드렸습니다. 여러분 중에 아무리 냉랭하고 완고하고 걱정 없는 사람이라도, 오늘 우리가 그 회심을 체념할 사람은 하나도 없습니다. 주께서 루디아와 같이 불쌍한 형식주의자의 마음을 열어 주시고, 간수와 같이 잔인한 사람이 "내가 어떻게 하여야 구원을 받으리이까?" 하고 외치게 해 주시기를 빕니다. 이렇게 해서 하나님은 시간과 영원에서 모든 찬송을 받으실 것입니다!

—

4

주는 것이 받는 것보다 복이 있도다

—

4. 주는 것이 받는 것보다 복이 있도다[12]

주는 것이 받는 것보다 복이 있다(행 20:35).

이 말씀은 바울이 에베소 사역자들과 마지막으로 헤어질 때 남긴 아주 감명 깊은 인사말의 한 대목입니다. 바울은 그들 모두에게 자신이 모든 사람의 피에 대하여 깨끗하다고 증언했습니다(행 20:26). "이는 내가 꺼리지 않고 하나님의 뜻을 다 여러분에게 전하였음이라"(행 20:27). 매우 흥미로운 점은 바울이 가난한 사람한테 베푸는 의무를 하나님의 뜻 가운데 하나로 눈여겨봤다는 사실입니다. 이 말을 맨 마지막에 할 정도로 그랬습니다. "범사에 여러분에게 모본을 보여준 바와 같이 수고하여 약한 사람들을 돕고 또

---

12 1938년 2월 4일, 던디에 있는 성 베드로 교회에서 한 설교.

주 예수께서 친히 말씀하신 바 주는 것이 받는 것보다 복이 있다 하심을 기억하여야 할지니라." 구주의 입에서 끌어왔다는 이 말씀은 사복음서 어디에서도 찾을 수가 없습니다. 우리 주님의 말씀이 구전으로 남겨졌을 따름입니다. "주는 것이 받는 것보다 복이 있다"는 이 말씀은 주님이 평소에 입에 달고 다니셨던 말씀으로 보입니다.

하나님의 이 뜻을 여러분 앞에 이렇게 소개할 기회가 생겨서 참 기쁩니다. 하나님의 뜻 가운데 제가 여러분한테 숨기고 싶은 것이 없는 줄 하나님이 아시기 때문입니다. 여러분은 연약한 사람들을 돕는 일에 힘써야 합니다. 제가 여러분에게 쓸 논거는 복되신 우리 주님의 논거뿐입니다. "주는 것이 받는 것보다 복이 있다."

1. 우리는 가난한 사람들한테 후하게 베풀어야 합니다. 주는 것이 받는 것보다 더 행복하기 때문입니다

이것이 행복한 까닭은 모든 행복한 존재를 닮는 것이기 때문입니다. 행복한 존재는 모두 주는 존재입니다. 이들의 행복은 받는 데 있지 않고 주는 데 있습니다.

1) 천사들. 성경 전체가 이들이 행복한 존재라는 것을 보

여 줍니다. 우리가 생각할 수 있는 것보다 훨씬 더 행복합니다. ① 이들은 거룩한 존재입니다. 늘 하나님의 말씀을 따릅니다(시 103:20, 새번역). 자, 거룩함과 행복은 나눌 수 없습니다. ② 이들은 하늘에 있습니다. 늘 자기네 아버지의 웃는 얼굴을 뵙습니다. "하늘에 계신 내 아버지의 얼굴을 항상 뵈옵느니라"(마 18:10). 그러니 행복할 수밖에 없습니다. 얼굴에 눈물이 흐르지 않고, 가슴속에 탄식이 없습니다. ③ 이들은 하나님을 찬양하는 것으로 그려집니다. 서로 "거룩하다 거룩하다 거룩하다"(사 6:3) 하고 외치고, "어린양은……찬송을 받으시기에 합당하도다"(계 5:12) 하고 노래합니다. 자, 찬송하는 것은 기쁨과 환희를 나타냅니다. "너희 중에……즐거워하는 자가 있느냐 그는 찬송할지니라"(약 5:13). 자, 제가 여러분에게 보여 드리고 싶은 것은, 이 행복한 영들의 행복이 주는 데 있다는 것입니다.

첫째, 모든 천사가 베풉니다. "모든 천사들은 섬기는 영으로서 구원 받을 상속자들을 위하여 섬기라고 보내심이 아니냐"(히 1:14)? 땅에서는 베푸는 사람이 매우 드뭅니다. 거의 모든 사람이 돈을 받아서 간수하기를 좋아하고, 은행에 맡겨서 조금씩 불리기를 좋아합니다. 베푸는 사람은 소수이고, 갑부가 아닐 때가 많습니다. 그러나 하늘에서는 모두 베풉니다. 베푸는 것이 이들의 가장 큰 기쁨입니다. 모든 천사의 거처를 하나하나 들여다보십시오. 쟁여 놓은 것이 하나도 없을 것입니다. 이들은 다 섬기는 영입니다.

둘째, 자기네보다 한참 못한 이들에게 베풉니다. 신세를 갚을 만한 이들을 돕는 데 만족하기보다, 아무 대가를 바라지 않고 베풉니다. 베들레헴 지역에 불쌍한 목자 몇이 들에 있는데, 대천사 하나가 선뜻 찾아와 친절하고 상냥하게 말했습니다. 아니, 훨씬 더 많은 천사가 그 소식을 전할 자격을 얻고 싶었던 모양입니다. 그 일이 있자마자 수많은 천군이 그 천사와 함께 하나님을 찬송했기 때문입니다(눅 2:13). 또 천사들이 거지 나사로한테 얼마나 잘해 주었습니까? 땅에서 나사로를 시중든 것은 개들밖에 없었습니다. 그런데 천사들은 기꺼이 날아 내려와 나사로를 아브라함 품에 받들어 옮겼습니다.

셋째, 가장 높은 천사들이 가장 많이 베풀기를 좋아합니다. 가장 낮은 곳으로 내려와, 하나님을 섬기는 데 자신을 가장 많이 내주는 천사들이 가장 높은 천사들이라는 것은 그럼직한 생각입니다. 예수님은 똑똑히 말씀하십니다.

"너희 중에 큰 자는 너희를 섬기는 자가 되어야 하리라"(마 23:11). 하나님의 얼굴을 뵙는 천사들이 허리를 굽혀 가장 미천한 하나님의 자녀를 섬깁니다. 가장 행복한 천사의 행복은 자기 밑에 있는 천사들보다 자신을 더 많이 내주고, 자신을 더욱 낮추어 상냥하고 겸손하게 섬길 수 있다는 데 있습니다.

사랑하는 그리스도인 여러분, 여러분은 "뜻이 하늘에서 이룬 것 같이 땅에서도 이루어지이다"(마 6:10) 하고 자주 기도합니다. 아마 천사들이 하듯이 하나님을 섬기게 해 달라는 뜻으로 이렇게 기도할 것입니다. 아, 그렇다면 여러분의 행복은 주는 데 있어야 합니다. 천사들의 행복은 주는 데 있습니다. 천사들을 닮고 싶다면, 섬기는 영이 되십시오.

2) 하나님. 우리는 하나님을 아주 조금밖에 모르지만, 하나님이 한없이 행복하시다는 것은 압니다. 여러분은 하나님의 행복을 더할 수도, 뺄 수도 없습니다. 우리는 또한 하나님의 행복에 들어가는 많은 것을 압니다. 하나님이 하시는 모든 일이 하나님을 행복하게 하는 것이 틀림없습니다. 하나님이 세상을 창조하시고 모든 것이 심히 좋다고 하셨

을 때처럼(창 1:31), 하나님은 창조하시는 데서 행복을 느끼셨습니다. 그런데 성경이 보여 주는 것은, 하나님의 행복도 주로 주는 데 있지, 받는 데 있지 않다는 것입니다. ① 참으로 놀랍게도 하나님은 모든 피조물에게 먹을 것을 주십니다. 참새 한 마리도 잊지 않으십니다. 온 세상이 저주를 받았고, 하나님은 마땅히 온 세상을 파멸에 던지실 수 있었지만, 그렇게 하지 않으시고 자비 베풀기를 기뻐하십니다. 젊은 사자들이 하나님께 먹이를 구합니다(시 104:21). 하나님은 우는 까마귀를 먹이십니다(시 147:9). ② 하나님은 악인들에게도 주십니다. "하나님이 그 해를 악인과 선인에게 비추시며 비를 의로운 자와 불의한 자에게 내려주심이라"(마 5:45). 잠깐 한번 생각해 보십시오. 하나님이 당신의 이름을 모독하고 당신의 안식일을 더럽히는 얼마나 많은 사람을 날마다 먹이시는지. 하나님은 이들에게 먹을 것과 입을 것을 주십니다. 사람들의 마음을 돌려놓아 이들에게 친절을 베풀게 하십니다. 그런데도 이들은 날마다 하나님을 저주합니다. 아, 하나님이 자비 베푸시기를 기뻐하신다는 것을 이것이 얼마나 잘 보여 줍니까! "(하늘에 계신)너희 아버지의 자비로우심 같이 너희도 자비로운 자가 되라"(눅 6:36). ③ 그러나 무엇보다도 하나님은 당신의 아들을 주셨습니다. 하나님은 주는 것을 기뻐하십니다. 그것이 하나님의 본성입니다. 하나님은 당신의 아들을 아끼지 않으셨습니다(롬 8:32). 당신의 품을 비우실지언정, 이 선물을 그냥 두어두려고 하지 않으셨습니다. 자, 여러분 중에 하나님을 닮게 해 달라고 밤낮으로 기도하는 분들이 있습니다. "찬송을 받으실 주 여호와여 주의 율례들을 내게 가르치소서"(시 119:12). 하나님을 닮고 싶다면, 주는 데서 하나님을 닮으십시오. 주는 것이 하나님의 첫째가는 행복입니다. 주는 데서 하나님을 닮으십시오.

'받은 것을 가서 함부로 쓸 악한 사람들한테 주라는 말입니까?' 하나님은 받은 것을 가서 함부로 쓰는 악한 사람들에게 주시지만, 그것이 하나님의 행복을 앗아 가지 않습니다. 하나님은 해를 악인과 선인에게 비추시고 비를 의로운 자와 불의한 자에게 내려주십니다. 하나님의 자녀에게 가장 많이, 가장 좋은 것을 주는 것은 옳습니다. 하지만 하나님을 닮고 싶다면 악한 사람들한테도 주십시오. "네게 구하는 자에게 주며 네게 꾸고자 하는 자에게 거절하지 말라"(마 5:42) 하신 주 예수님 말씀을 떠올리면서 은혜를 모르는 사람에게, 악한 사람에게 주십시오(눅 6:35).

3) 그리스도. 그리스도는 하나님의 영원한 아들로서, 모든 점에서 아버지와 동등하셨고, 그래서 행복에서도 그러셨습니다. 창세전에 아버지와 함께 영화를 가지셨습니다(요 17:5). 그런데 그리스도의 행복도 주는 데 있었습니다. 그리스도는 모든 천사보다 뛰어나셨고, 그래서 모든 천사보다 훨씬 더 많이 주셨습니다. "인자가 온 것은 섬김을 받으려 함이 아니라 도리어 섬기려 하고 자기 목숨을 많은 사람의 대속물로 주려 함이니라"(마 20:28). 가장 높이 계셨기에, 가장 낮아지셨습니다. 천사들이 기꺼운 섬김을 주었다면, 그리스도는 자신을 주셨습니다. "우리 주 예수 그리스도의 은혜를 너희가 알거니와 부요하신 이로서 너희를 위하여 가난하게 되심은 그의 가난함으로 말미암아 너희를 부요하게 하려 하심이라"(고후 8:9). "너희 안에 이 마음을 품으라 곧 그리스도 예수의 마음이니"(빌 2:5).

자, 사랑하는 그리스도인 여러분, 여러분 중에 참 포도나무 가지가 되게 해 달라고 밤낮으로 기도하는 분들이 있습니다. 여러분은 속속들이 그리스도의 형상으로 빚어 달라고 기도합니다. 그렇다면 주는 데서 그리스도를 닮아야 합니다. 가지는 나무와 같은 열매를 맺습니다. 여러분이 정녕 가지이려면, 나무와 같은 열매를 맺어야 합니다. 어느 옛 신학자가 잘 말했습니다. "어떤 사람들이 자기 돈을 아끼듯이 그리스도께서 자기 피를 아끼셨다면, 우리는 어떻게 되었겠는가?"

'내 돈은 내 거예요.' 그리스도께서도 '내 피는 내 것이다. 내 목숨도 내 것이다. 내게서 그것을 빼앗을 자가 없다'고 말씀하셨을 것입니다. 그러면 우리는 어디에 있었을까요?

'가난한 사람들은 받을 자격이 없어요.' 그리스도께서도 같은 말씀을 하셨을 것입니다. '내 아버지 법을 거역하는 악한 놈들, 그런 놈들을 위해 내 목숨을 내놓겠느냐? 차라리 선한 천사들한테 주겠다.' 그런데 그러지 않으시고, 아흔아홉 마리는 뒤로하시고 잃어버린 양을 뒤따라가셨습니다. 자격 없는 자들을 위해 당신의 피를 주셨습니다.

'가난한 사람들이 함부로 쓸지 모르잖아요.' 그리스도께서도 똑같이 말씀하셨을 것입니다. 네, 훨씬 더 진실하게 그러셨을 것입니다. 그리스도께서는 당신의 피를 많은 사람이 짓밟을 줄 아셨습니다. 거의 모든 사람이 업신여길 줄 아셨습니다. 숱한 사람이 죄를 더 지을 구실로 삼을 줄 아셨습니다. 그런데도 당신의 피를 주셨습니다.

아, 사랑하는 그리스도인 여러분, 여러분이 그리스도를 닮고 싶다면, 너절하고 가난한 사람들한테, 고마워할 줄 모르고 받을 자격 없는 사람들한테 많이, 자주, 거저 주십시오. 그리스도께서는 영화로우시고 행복하십니다. 여러분도 그렇게 될 것입니다. 제가 바라는 것은 여러분의 돈이 아니라 여러분의 행복입니다. 그리스도께서 친히 하신 말씀을 잊지 마십시오. "주는 것이 받는 것보다 복이 있다."

2. 주는 것이 더 행복한 까닭은 그리스도인의 고유한 성격 때문입니다

1) 그리스도인은 청지기입니다. 큰 집마다 청지기가 있고, 그가 맡은 일은 자기 주인의 소유를 관리하는 것인데, 때를 따라 각 사람에게 양식을 나누어 주는 것입니다(눅 12:42). 자, 여러분은 청지기의 행복이 세간을 더 많이 받는 데 있지 않고, 자기가 받은 것을 알맞게 나누어 주는 데 있다는 것을 바로 알아채실 것입니다. 이 설교를 듣는 분 중에 관리인이나 감독관이 있다면, 여러분의 행복이 여러분 주인의 소유가 여러분의 손을 얼마나 많이 거치느냐에 있

지 않고, 그 소유를 제대로 나누어 주는 데 있다는 것을 잘 아실 것입니다. 모든 청지기의 행복은 주는 데 있지, 받는 데 있지 않습니다.

자, 사랑하는 그리스도인 여러분, 여러분은 여러분이 가진 모든 것의 청지기일 뿐입니다. 여러분 것은 단 한 푼도 없습니다. 그 위에 다 이렇게 쓰여 있습니다. "내가 돌아올 때까지 장사하라"(눅 19:13). 회계할 날이 다가옵니다. 아, 여러분이 슬기로운 청지기라면 얼마나 좋을까요! 여러분은 훨씬 더 행복할 것입니다. '너랑 네 자식을 위해 쟁이고 쌓는 것이 낫다'고 하는 것은 마귀의 속삭임입니다. 정직한 청지기가 되는 것이 훨씬 더 행복합니다.

'저는 형편이 너무 어려워요.' 그래도 여러분은 청지기입니다. 여러분이 가진 것을 그리스도의 청지기로서 쓰십시오. 그러면 잘될 것입니다. 두 달란트를 쓴 사람은 자기 상급을 잃지 않았습니다.

2) 그리스도인은 서로서로 지체입니다. 우리는 그리스도와 하나 될 때, 모든 형제와 하나 됩니다. 이 관계는 다른 누구와의 관계보다 더 가깝습니다. 다른 누구와의 관계보다 오래 이어지는 까닭입니다. 여러분 품안의 아내는 언

젠가 여러분과 헤어질 것입니다. 아버지와 자식, 자매와 형제는 영원히 헤어질 수도 있습니다. 그러나 그리스도인끼리는 그렇지 않습니다. 이들은 세세무궁토록, 영영히 같은 나무의 가지이고, 영원히 같은 성전의 돌입니다. 그러니까 다른 지체를 돕는 것이 한 지체의 행복이어야 합니다. ① 몸에서 한쪽 팔다리가 다치거나 약하면, 다른 쪽 팔다리가 돕습니다. 그렇게 하는 것이 자기네 행복입니다. 왼손이 다치면, 오른손이 모든 일을 대신할 것입니다. 그 필요를 모두 채웁니다. ② 그리스도의 몸도 마찬가지입니다. 다른 지체를 돕는 것이 한 지체의 행복입니다. 이것은 자기 자신을 돕는 것이나 마찬가지이고, 참으로 그리스도를 돕는 것이나 마찬가지입니다. 그리스도께서 누더기를 입고 초라한 모습으로 여러분 문 앞에 와서 덜덜 떨고 계신다고 생각해 보십시오. 여러분은 그분의 필요를 모두 채워 드리는 것을 불행한 일이라고 느끼시겠습니까? 아, 그렇다면 가난한 그리스도인을 볼 때마다 그렇게 할 수 있을 것입니다. "너희가 여기 내 형제 중에 지극히 작은 자 하나에게 한 것이 곧 내게 한 것이니라"(마 25:40). 아, 너무 슬픕니다! 여러분 중에 퉁명하고 언짢은 얼굴로 그리스도를 문

전박대하는 사람이 얼마나 많습니까? 여러분, 스스로 그리스도인이라 말하기 부끄럽지 않으십니까?

또 그리스도께서 추위를 피할 불도, 침상을 덥힐 이불도 넉넉지 않은 초라한 집에 사신다면, 여러분은 그분을 찾아내려고 하지 않겠습니까? 그리스도께서 여러분을 찾으실 때까지 기다시겠습니까? 아, 너무 슬픕니다! 그리스도께서 이렇게 사시는 집이 얼마나 많습니까? 그런데도 이 설교를 듣는 그리스도인 중에 그분을 한 번도 찾아내려고 하지 않은 그리스도인이 있습니다. 여러분, 계획을 바꾸시기를 간청합니다. "주는 것이 받는 것보다 복이 있다."

3. 그리스도인은 손해 보지 않을 것이기 때문입니다

1) 그리스도인은 거저 주더라도 이 세상에서 손해 보지 않을 것입니다. "흩어 구제하여도 더욱 부하게 되는 일이 있나니 과도히 아껴도 가난하게 될 뿐이니라"(잠 11:24). 저는 이제 세상이 코웃음 칠 이야기를 할 참입니다. 그러나 제가 부탁드리는 것은, 다만 베뢰아 사람들을 본받으시라는 것입니다. 성경을 상고하고, 이것이 그렇지 아니한가 보십시오(행 17:11). 그러면 성경 전체가 이 세상에서 풍요로움

을 얻는 가장 좋은 길은 후하게 베푸는 길이라는 것을 보여 줄 것입니다. "너는 네 떡을 물 위에 던져라 여러 날 후에 도로 찾으리라"(전 11:1). 이것은 볍씨를 뿌리는 것을 말합니다. 근동 지역에서는 언제나 논에 물을 한가득 대고 볍씨를 뿌립니다. 떡을 만드는 곡식의 씨앗을 실제로 물 위에 던집니다. 여러 날이 지나 물이 마르고, 들녘에는 황금물결이 넘실거립니다. 예수님을 사랑하는 마음으로 가난한 사람들에게 후하게 베푸는 것도 마찬가지입니다. 이 것은 여러분의 돈을 뿌리는 것과 같습니다. 씨앗을 물에 던지는 것과 같습니다. 그렇지만 두려워 마십시오. 여러 날 후에 곡식을 거둘 것입니다. 이 세상에서 여러분의 돈을 되돌려 받을 것입니다.

형편이 변변치 못한 그리스도인 여러분에게 말씀드리겠습니다. 여러분은 '제가 돈만 많으면, 얼마나 흔쾌히 주겠어요! 그런데 이렇게 가난해서 뭘 줄 수 있겠어요?' 하고 말합니다. 자, 저는 그저 씨 뿌리는 사람을 보시라고 부탁드리겠습니다. 씨 뿌리는 사람이 뿌릴 것이 조금밖에 없다고 안 뿌립니까? 아닙니다. 더 많이 거두려고 그 적을 것을 가지고 더욱 정성껏 뿌립니다. 여러분도 똑같이 하십시오.

여러분은 하나님을 얼마나 못 믿습니까! 하나님은 가난한 자에게 베푸는 것이 여호와께 꾸어 드리는 것이라고 말씀하십니다(잠 19:17). 자, 저는 백이면 백 '여호와께 꾸어 드리느니 부자한테 꾸어 주는 것이 낫다'고 하리라 믿습니다. 여러분은 사람은 믿지만, 하나님은 믿지 않습니다. 며칠 전에 실제로 들은 이야기입니다. 형편이 매우 어려운 하나님의 딸이 있었는데, 남편은 앞이 보이지 않습니다. 그런데도 자기네 먹고살 계획만 세우지 않고, 남들한테 베풀 계획도 세웠답니다. 이 자매는 이 계획을 꼭 지키려고 손수 일을 했습니다. 그래서 가난한 사람들한테, 또 해외 선교에도 넉넉히 베풀었습니다. 이것은 씨를 뿌리는 일이었고, 있는 씨는 죄다 뿌렸습니다. 모아 놓은 것이 없었습니다. 그리고 거두지 못했을까요? 아닙니다. 인도에서 거두었습니다. 먼 친척이 죽었는데, 이 자매한테만 수십억을 물려주었답니다. 하나님은 이런 일을 날마다 하실 수 있습니다. "하나님이 능히 모든 은혜를 너희에게 넘치게 하시나니 이는 너희로 모든 일에 항상 모든 것이 넉넉하여 모든 착한 일을 넘치게 하게 하려 하심이라"(고후 9:8).

하나님은 여러분에게 얼마나 쉽게 주실 수 있습니까? 당신의 섭리로 아주 살짝만 돌려놓으셔도, 여러분이 한 해 동안 베푼 것보다 더 많이 주실 수 있습니다. 아, 주님을 믿으십시오! 그러나 악인은 하나님을 믿지 못합니다. 세상은 뼛속부터 불신자입니다.

어떤 분들은 '오늘밤 시작해 볼게요. 목사님 말씀을 시험해 볼게요. 여태까지 한 것보다 곱절로 베풀게요. 그리고 되돌려 받는지 지켜보겠어요' 하고 말할 것입니다. 여러분, 그런 것은 없습니다. 그냥 넣어 두시길 바랍니다. 되돌려 받기를 바라고 준다면, 아무것도 얻지 못할 것입니다. 여러분은 그리스도인답게 기꺼이, 후하게, 값없이, 아무것도 바라지 말고 베풀어야 합니다. 그러면 하나님이 누르고 흔들어 넘치도록 돌려주실 것입니다. "주라 그리하면 너희에게 줄 것이니"(눅 6:38). 가난한 사람들에게 베푸는 사람은 모자람이 없을 것입니다.

2) 그리스도인은 영원에서도 손해 보지 않을 것입니다. 그리스도인이 영원에서 받을 상급은 이 땅에서 자기 달란트를 어떻게 썼느냐에 꼭 비례한다는 것이 성경 전체의 증언입니다. 자, 돈도 달란트 가운데 하나입니다. 여러분이 돈을 바르게 쓰면, 여러분의 상급을 결단코 잃지 않을 것

입니다. 그리스도께서는 심판 날에 사람들과 결산을 하시되, 이들이 당신의 가난한 그리스도인들을 어떻게 대했느냐에 따라서 하시리라는 것을 똑똑히 보여 주십니다. 그리스도를 위하여 일을 많이 한 사람은 넉넉히 들어감을 얻을 것이고, 적게 한 사람은 적은 상급을 받을 것입니다.

하나님께 감사하게도 여러분 중에는 "내 아버지께 복 받을 자들이여 나아와 창세로부터 너희를 위하여 예비된 나라를 상속받으라"(마 25:34)는 그리스도의 말씀을 들을 사람들이 있습니다. 사랑하는 그리스도인 여러분, 쭉 그리스도를 위해 사십시오. 여러분을 값 주고 사셨다는 것을 낮이고 밤이고 절대로 잊지 마십시오. 여러분 자신과 여러분의 재산을 다 그리스도 손에 놓고 이렇게 말씀하십시오. "주님 무엇을 하리이까? 내가 여기 있나이다 나를 보내소서"(행 22:10; 사 6:8). 그러면 여러분은 이제와 영원토록 "주는 것이 받는 것보다 복이 있다"고 느낄 것입니다.

저는 여러분 중에 그리스도의 이 말씀을 듣지 못할 그리스도인이 있을까 봐 두렵습니다. 여러분의 집은 몸을 덥힐 불도 없고 살을 에는 추위를 막을 옷도 없는 수많은 사람 한가운데 도도하게 서 있지만, 여러분은 이 사람들 집에 얼씬도 한 적이 없습니다. 멀리서 한숨을 내쉴는지는 몰라도, 찾아가지는 않습니다. 아, 사랑하는 친구 여러분, 저는 가난한 사람들이 걱정스럽습니다. 그런데 여러분은 더 걱정스럽습니다. 큰 날에 그리스도께서 여러분보고 대체 뭐라고 하실까요? 여러분은 그리스도인으로 보입니다. 그런데도 가난한 그리스도인들을 돌아보지 않습니다. 아, 여러분이 천국 문에 들어갈 때 여러분에게 얼마나 큰 변화가 찾아올까요! 여러분은 구원은 받겠지만, 그것이 다일 것입니다. 넉넉히 들어가지 못할 것입니다. "적게 심는 자는 적게 거두고"(고후 9:6).

저는 이 설교를 듣는 많은 분이 자신이 그리스도인이 아닌 줄 잘 알까 봐 두렵습니다. 베풀기를 싫어하는 까닭입니다. 아낌없이 후하고 넉넉하게 베풀려면, 새 마음이 필요합니다. 옛 마음은 돈을 내놓느니 목숨을 내놓는 편이 낫다고 할 것입니다. 아, 친구 여러분, 돈을 펑펑 쓰십시오. 있는 대로 마음껏 쓰십시오. 한 푼도 거저 주지 마십시오. 어서어서 쓰십시오. 그래야 여러분한테 이렇게 말할 수 있습니다. 여러분은 영원토록 거지 신세를 면치 못할 것입니다.

5

거의 설득했도다

5. 거의 설득했도다[13]

아그립바가 바울에게 이르되 네가 나를 그리스도인이 되
도록 거의 설득했도다(행 26:28, KJV 성경 직역).

바울은 여기서 지체 높은 세 사람 앞에서 복음을 전할 기
회를 얻었습니다. 첫 번째 사람은 아그립바 왕의 누이 버
니게였습니다. 버니게는 아주 아름다운 여자였는데, 그때
대놓고 방탕하게 살았습니다. 두 번째 사람은 로마 총독
인 베스도였습니다. 군인이요, 아무것도 모르는 이방 사람
이었습니다. 세 번째 사람은 교만하여 하나님을 모독한 까
닭에 하나님이 치신 바로 그 헤롯의 아들 아그립바였습니
다(행 12:23). 아그립바도 율법과 선지자는 잘 알았지만 교

---

13 1837년 9월 3일, 던디에 있는 성 베드로 교회에서 한 설교.

만하고 악한 사람이었습니다. 알아보고 싶은 궁금한 점은 앉아서 바울의 입에서 전해지는 말씀을 듣는 이 세 사람의 서로 다른 태도입니다.

버니게, 예쁘지만 부도덕한 버니게는 잠자코 앉아 있습니다. 말씀에 통 관심이 없습니다. 어쩌면 신나게 즐길 계획, 죄를 지을 계획을 새로 짜고 있는지도 모릅니다. 그 마음이 딱딱한 길바닥 같습니다. 말씀이 들어갈 틈이 없습니다. 마귀가 다 가져갑니다(눅 8:12). 아, 오늘 이 설교를 듣는 분 중에 버니게와 같은 사람이 얼마나 많습니까! 우리가 천국을 말하든 지옥을 말하든, 그것이 문제가 아닙니다. 여러분은 들을 귀가 없습니다.

베스도, 이 눈먼 이방인은 믿지는 않지만 신기하게 듣습니다. 바울의 이상한 회심 이야기를 듣고, 부활하신 구주 이야기, 그리고 그분께 돌이키지 않으면 다 멸망한다는 이야기를 듣습니다. 이 콧대 높은 로마 사람은 더 들어 줄 수가 없습니다. 베스도는 큰소리로 말했습니다. "바울아 네가 미쳤도다 네 많은 학문이 너를 미치게 한다"(행 26:24).

아, 이 자리에도 베스도와 같은 사람이 얼마나 많습니까! 여러분은 우리가 '회심해야 한다. 하나님만이 여러분을 회심하게 하실 수 있다', '여러분의 먼눈을 열어서 여러분이 죄 사함을 받게 하려고 그리스도께서 우리를 보내셨다'고 말하는 것을 듣습니다. 이렇게 말하려고 하는 교만한 마음이 얼마나 많습니까! '목사님, 제정신이 아니시네요. 너무 많이 배워서 정신이 나가셨네요.' 우리에게 잘못이 있다면, 여러분에게 돌이켜 목숨을 건지라는 권면을 너무 맥없이, 너무 차갑게 했다는 데 있습니다.

제정신이 아닌 것은 여러분입니다. 용서받지 못하고도 마음 놓고 다니고, 지옥의 상속자이면서도 행복해하고, 기도 없이 그리스도 없이 하나님 없이 사는데도 행복에 겨워 웃으면서 자기 영혼을 걱정하지 않는다니, 정신이 나간 것은 바로 여러분입니다!

아그립바, 악하고 교만한 아그립바는 바울의 강론에 큰 감동을 받았습니다. 악한 사람이라도 전해진 말씀을 듣고 감동받을 수 있습니다. 손을 내미는 이 설교자의 간절한 태도, 그의 회심 이야기, 양심에 대고 하는 부드러운 호소(행 26:27, "아그립바 왕이여 선지자를 믿으시나이까 믿으시는 줄 아나이다"), 이 모든 것이 아그립바의 마음을 움직였습니다. 아그립바는 잃어버린 처지가 얼마나 비참한지, 회심이 얼마나 필요하고, 용서받는 것이 얼마나 행복한지를 잠시나마 느끼고, 이렇게 외쳤습니다. "네가 나를 그리스도인이되도록 거의 설득했도다."

형제 여러분, 여러분 중에도 전해진 말씀을 듣고 감동을받은 분 없습니까? 그렇다면 오늘 이 말씀은 여러분을 위한 것입니다. 저는 하나님의 도우심으로 여러분에게 그리스도인이 되도록 거의 설득당하는 데서 그치는 것이 얼마나 어리석은지 보여 드리려고 이 말씀을 골랐습니다.

1. 말씀이 전해질 때 그리스도인이 되도록 거의 설득당하는 사람이 있습니다

아그립바가 그랬습니다. 아그립바는 하나님이 고르신 영혼 회심의 도구인 말씀 설교를 앉아서 듣고, 영혼에 깊은감동을 받았습니다. 많은 사람도 마찬가지입니다. 다른 사람의 회심 이야기를 듣고, 자신들도 회심해야 한다는 이야기를 듣고, 당신에게 오는 모든 사람을 구원하시기를 기뻐하시는 부활하신 구주 그리스도 이야기를 듣고, 목사가 자기네 양심에 아주 간절하게 호소하는 것을 볼 때, 사람들은 거의 설득당했다고 느낍니다.

이들은 '이것이 정말 사실이구나. 내가 회심하지 않으면 멸망할 수밖에 없구나' 하고 말합니다. '죄 사함을 받는 사람은 정말 행복한 사람이구나. 내가 그런 사람이면 좋겠다. 그렇지만 지금 당장 항복하는 것은 섣부른 짓이지. 내 모든 즐거움과 죄 가운데 있는 내 친구들을 떠나고 싶지 않아. 오늘만 날도 아니니까. 하마터면 그리스도인이 될 뻔했다!' 아그립바도 그랬습니다. 수많은 사람이 그럽니다. 여러분도 그러십니까? 아, 여러분은 얼마나 어리석습니까?

여러분, 다시는 설교를 듣지 못할 수도 있고, 오늘밤 죽을 수도 있습니다! 하나님이 오늘밤 여러분의 영혼을 도로 찾으실지 모릅니다(눅 12:20). 진노를 피해야겠다는 마음이 들면, 당장 피하십시오. 그리스도를 생각하다가 마음이 녹는다면, 당장 그리스도께 피하십시오.

여러분은 그리스도의 피와 의로 말미암는 구원의 제안을 다시는 못 받을지 모릅니다. 혹 다시 말씀을 듣는다고 해도, 그때는 마음이 덜 움직일 가능성이 큽니다. 쇠를 자꾸 달구면, 달굴 때마다 더 단단해집니다. 의사가 깨지고 찢어진 것을 자꾸 보면, 처음에는 마음이 크게 술렁이지

만, 금세 익숙해집니다. 여러분도 그리스도와 그리스도의
사랑에 대해 듣고 처음에는 큰 감동을 받을지 모릅니다.
그러나 그리스도께서 여러분을 거의가 아니라 완전한 그
리스도인이 되게 해 주시지 않는다면, 여러분은 금세 완고
해질 것입니다.

2. 고난의 때에 거의 그리스도인이 되는 사람이 있습니다

고난은 죄인들을 데려다가 그리스도의 필요를 느끼게 하
는 하나님의 가장 강력한 수단 중 하나입니다. 하나님은
믿지 않는 가정에 사자 같이 찾아오셔서, 물어다가 갈기갈
기 찢으십니다(호 5:14, 새번역). 많은 영혼이 이 말밖에 할
말이 없을 것입니다. "오라 우리가 여호와께로 돌아가자"
(호 6:1). 고난의 때는 주님을 찾는 때입니다. 아, 집안에 고
난이 찾아와도 꿈쩍도 하지 않는 마음은 얼마나 단단한 마
음입니까! "너희가 어찌하여 매를 더 맞으려고 패역을 거
듭하느냐"(사 1:5)?

회심하지 않은 사람 중에 역경의 때에 마음이 크게 움직
이는 사람이 있습니다. 오랫동안 거들떠보지 않은 성경을
찾아내고, 끓는 법도 잘 모르면서 무릎을 꿇기 시작합니

다. 목사한테 귀를 기울이고, 머릿속은 죽음과 지옥과 심판에 대한 엄숙한 생각으로 가득합니다!

잠깐은 그리스도인 되는 것이 좋아 보입니다. 그러나 구름이 걷히며 볕이 들고, 얼굴에서 눈물이 마르고, 집이 다시 번창하기 시작합니다. 이 집의 기독교는 지금 어디 갔습니까? 아, 도망갔습니다! 그리스도께서 고난 중에 있는 사람들에게 말씀하십니다. 하나님께서 여러분과 얼굴을 마주보고 변론하십니다(겔 20:35, KJV 성경). 잊지 마십시오. 언약의 줄에 매이는 것은 쉬운 일이 아닙니다(겔 20:37). 하루 이틀 심각해지고 우울해졌다고 만족하지 마십시오. 그것은 회심이 아닙니다. 거의만 아니라 완전한 그리스도인이 되십시오.

그리스도께서 고난과 슬픔에서 빠져나온 사람들에게 말씀하십니다. 그리스도인이 될 뻔만 하는 것이 얼마나 어리석은지 보십시오. 여러분의 고난은 그 이로운 목적을 잃어버렸습니다. 여러분을 그리스도께 데려가려고 보내신 고난입니다. 거의 데려갈 뻔했습니다. 거기까지였습니다. 여러분이 벌써 하나님의 가장 강력한 도구인 고난과 말씀을 거절했다면, 참 그리스도인이 될 가망이 별로 없습니다. 하나님이 여러분에게 하실 일은 둘 중 하나뿐입니다. 여러분에게 인내하셔서, 더 깊은 고난의 물, 더 큰 상실, 더 쓰라린 아픔, 더 가슴 아리는 사별을 보내어 그리스도께 몰아가시거나, 아니면 그냥 내버려 두시거나. "에브라임이 우상과 연합하였으니 버려두라"(호 4:17). 하나님이 여러분 마음의 소원은 들어주시되, 여러분의 영혼은 쇠약하게 하실지 모릅니다(시 106:15)!

3. 각성의 때에 거의 그리스도인이 되는 사람이 있습니다

교회와 가정에 각성의 때가 있습니다. 그런 때에 언제나 그리스도인이 되도록 거의 설득당하지만, 완전히 설득당하지는 않는 사람들이 있습니다. 믿지 않는 가정에 한 사람이 구주께 인도받을 때, 꾸짖고 비웃고 놀리는 사람이 많을 것입니다. 이들은 '영혼에 관한 이 일이 다 무슨 소용이냐? 성경을 상고하고, 쉬지 않고 기도하는 것이 다 무슨 소용이냐?' 말할 것입니다. 불쌍한 영혼들이여, 이들은 각성한 사람의 가슴속에서 무슨 일이 일어나는지 잘 모릅니다.

그러나 꾸짖고 비웃는 사람이 많을지라도, 대개 몇몇 사람은 마음에 감복을 받습니다. 형제나 자매나 친구가 감동을 받고 옆에 꼭 붙어서 룻처럼 자기도 같이 가겠다고 말합니다(룻 1:16). 아, 친구가 친구를 그리스도께 인도하는 것은 행복한 일입니다. 그런데 그리스도께 이르기 전에 떨어져 나가는 사람이 얼마나 많습니까!

여러분 중에 참되게 회심한 어떤 분들은 한때 여러분과 함께 울고, 여러분과 함께 기도하고, 여러분과 함께 그리스도와 구원에 관해 이야기했지만, 세상으로 돌아간 이들이 떠오르실지 모릅니다. 이들은 그리스도인이 되도록 거의 설득당했지만, 완전히 설득당하지는 않았습니다. 여러분 중에는 자기 영혼의 처지가 이렇다는 것을 아는 사람도 있습니다. 그렇다면 그리스도인이 될 뻔만 하는 것이 얼마나 어리석은지 보십시오. 여러분의 친구는 그리스도 안에 있지만, 여러분은 그리스도 밖에 있습니다. 여러분, 친구와 함께 피하는 것이 합당한 일로 여겨졌다면, 여러분이 그리스도 안에 들어갈 때까지 견디는 것은 훨씬 더 합당한 일입니다.

그리스도의 날에, 여러분의 친구는 그리스도의 우편에 영광으로 관을 쓰고 있고, 여러분은 좌편에 마귀와 함께 서 있는 것을 볼 그날에 여러분은 어떤 느낌이 들까요? 여러분은 이렇게 말할 것입니다. '나는 여태까지 이 사람들 이랑 같이 왔어. 그중 한 사람이 될 뻔했어. 그런데 돌아가 고 말았어.' 아, 지옥에서 가장 슬픈 곳은 그리스도인이 될 뻔했던 사람들이 있는 곳일 것입니다.

4. 어떤 사람들은 지옥을 피해야겠다는 마음이 들지만, 여전히 그리스도인이 될 뻔만 할 뿐입니다

하나님의 성령께서 장차 올 진노를 피하게 하시려고 실제 로 깨우시는 사람들이 있습니다. 이들은 자기네 옛 "죄악 의 낙"(히 11:25), 옛 친구, 옛 길을 버리고, 근심과 두려움 가운데 삽니다. 그런데도 생명을 얻으러 예수 그리스도께 오려고 하지 않습니다(요 5:40, 새번역). 그리스도인이 되도 록 거의 설득당하지만, 완전히 설득당하지는 않습니다. 그 까닭은 여러 가지입니다.

교만해서 그럴 때가 있습니다. 지옥은 두려워하지만, 자 기네 방식대로 울거나 기도하거나 삶을 뜯어고쳐서 피하 겠다고 생각합니다. 스스로 웅덩이를 파고(렘 2:13), 스스로 불을 피워 자기네 불꽃 가운데로 들어가고, 자기네가 피운 횃불 가운데로 걸어갑니다(사 50:11). 예수 그리스도께 오기를 싫어하고, 그분을 자기네 빛과 구원으로 삼기를 싫어합니다. 아, 구원받을 뻔했다가 멸망하는 것이 얼마나 슬픈 일입니까! 영혼을 망가뜨리는 교만으로 그리스도인이 될 뻔만 하고 아주 되지는 못하는 것이 얼마나 슬픈 일입니까!

하나님과 원수가 되어서 그럴 때가 있습니다. 그리스도는 하나님이 마련하신 구주이십니다. 하나님을 존귀하게 하는 길은 예수 그리스도께 피하는 것이지만, 몇몇 각성한 영혼은 하나님을 향한 적대감이 커서 예수 그리스도를 믿음으로 하나님을 존귀하게 하기를 싫어합니다. 아, 하나님과 맞서 싸우고, 여러분의 영혼과 맞서 싸우는 것이 얼마나 정신 나간 짓입니까! 그리스도인이 될 뻔만 하는 것이 얼마나 정신 나간 일입니까!

하나님을 잘못 알아서 그럴 때가 있습니다. 몇몇 근심하는 영혼은 하나님을 의심합니다. 그 자비가 한이 없어서 자신들을 위해 구주를 마련해 주시기까지 했지만, 이 사실을 감히 믿지 않습니다. '아니야, 날 위한 것일 리 없어. 다른 죄인들을 위한 것인지 몰라도, 날 위한 것일 리 없어!' 그래서 예수 그리스도께 오려고 하지 않습니다. 아, 하나님이 당신과 당신 아드님에 대해 하신 말씀을 믿지 않는 것이 얼마나 정신 나간 짓입니까!

이런 이들이 그리스도인이 될 뻔만 하는 사람들입니다. 여기를 보십시오. 그리스도인이 될 뻔만 하는 것이 얼마나 어리석은지! 여러분이 그리스도인이 될 뻔만 하고 만다면, 지옥을 피하려고 아무리 애를 태워도 소용이 없을 것입니다. 여러분은 여러분의 불쌍한 영혼 때문에 떨기도 많이 떨고, 울기도 많이 울고, 빌기도 많이 빌었습니다. 그래도 예수 그리스도께 인도받지 않는다면, 다 소용없습니다. 여러분이 목숨을 건지려고 거친 물살을 숱하게 가르고 헤엄쳐 이제 팔만 뻗으면 바위에 닿을 만큼 바닷가에 가까이 왔다고 하더라도, 손을 뻗어 바위를 붙잡지 않는다면, 여러분은 빠져 죽고 말 것입니다. 이전에 했던 수고와 노력은 다 소용없을 것입니다. 수천 리 떨어진 바다 한가운데 있으나 팔만 뻗으면 바위에 닿을 만한 데 있으나 사람이 빠져 죽을 수 있기는 매한가지입니다.

마찬가지로 여러분이 아무리 걱정하고 말씀에 귀 기울이고 기도하고 눈물을 흘려도, 여러분은 하나님의 눈 밖에 난 사람들만큼 확실하게 여러분이 있는 자리에서 멸망할 수 있습니다. 방주 쪽으로 피해도 방주 안으로 피하지 않으면 아무런 소용이 없습니다. 방주에 매달린 채로 빠져 죽을 수 있습니다. 방주 안으로 들어가 문이 닫혀야 합니다(창 7:16)! 롯의 아내는 소돔에서 빠져나왔지만, 소용없는 일이었습니다. 소알에 이르지 못했기 때문입니다. 마찬가지로 완전이 아니라 거의만 그리스도인이 되어서는 소용이 없습니다.

여러분의 죄는 다른 사람들의 죄보다 훨씬 큽니다. 아그립바의 죄는 베스도나 베니게의 죄보다 훨씬 컸습니다. 아그립바는 그리스도께 피해야겠다는 마음이 들었지만, 피하지 않았습니다. 베스도와 버니게는 그리스도에게서 흠모할 만한 아름다움을 보지 못했습니다(사 53:2). 여러분과 세상도 마찬가지입니다. 진주를 찾지 않는 사람이 값비싼 진주를 그냥 지나친다고 해도 놀랄 까닭이 없습니다. 그 눈은 다른 것들을 찾느라 정신없습니다. 하지만 정말로 밤이고 낮이고 질 좋은 진주를 찾아다니는 사람 앞에 값비싼 진주를 내놓는다고 생각해 보십시오. 이 사람은 그 진주를 이리저리 돌려봅니다. 그 값어치가 자기가 가진 전액과 맞먹는다는 얘기를 듣습니다. 그런데도 그 진주를 내려놓고 또다시 애타게 찾아 나섭니다.

아, 이 사람은 그 누구보다 이 진주의 가치를 얕보는 사람입니다. 마찬가지로 여러분도 어느 누구보다 그리스도를 얕보는 사람입니다. 남들은 그분을 모르고 원하지 않으니까 그분을 짓밟습니다. 그런데 여러분은 말하자면 그분을 손에 넣고 그 가치를 살펴보고서도 업신여깁니다.

아, 여러분의 죄는 이렇게 그리스도를 업신여기는 데서 여러분이 이전에 지은 어떤 죄보다 더 큽니다. 유다한테는 구주를 배반한 것보다 하나님의 어린양으로 말미암은 자비를 무시하고 스스로 목매어 죽은 것이 훨씬 큰 죄였습니다. 마찬가지로 여러분한테도 그리스도의 식탁에서 그리스도를 배반한 것보다, 그리스도께 맞서 행한 그 어떤 짓보다, 그리스도를 외면한 것이 훨씬 큰 죄입니다. 아, 하나님이 여러분의 눈을 열어 주셔서, 여러분이 거의가 아니라, 진짜 그리스도인이 되게 해 주시기를 빕니다!

지옥에서 가장 깊은 곳은 그리스도인이 될 뻔했던 사람들을 위해 있을 것입니다. 엄격한 공의로 그럴 것입니다. 죄가 커질수록 죄책도 커지고 지옥도 깊어집니다. 그리스도께 가장 가까이 가고서도 그 아름다움에 반하지 않고 그 사랑스러움에 끌리지 않는 영혼보다 더 큰 죄를 짓는 사람이 누구입니까? 그리스도인이 될 뻔했던 사람의 지옥이 다른 누구의 지옥보다 더 극심하리라는 것은 당연한 일입니다. '구원받을 뻔했는데 멸망하다니, 하나님 나라에서 멀지 않았는데 진노의 나라로 떨어지다니', 아, 이것은 영원토록 끔찍한 생각일 것입니다!

그날 많은 사람이 이렇게 말할 것입니다. '나도 한때는 그리스도 안에 있을 뻔했는데. 내 영혼을 걱정하고, 울면서 기도하고, 성경을 연구했는데. 애타는 마음으로 전해지는 말씀에 귀 기울였는데. 그 말씀이 하나님의 능력이라고 느꼈는데. 율법이 나를 정죄한다고 느꼈는데. 나는 세상 친구들과 달랐어. 걔들은 내 슬픔을 몰랐지. 비웃고 놀릴 줄밖에 몰랐지. 나는 그런 친구들을 피했어. 이전에 짓던 죄를 피했어. 하나님 나라에서 멀지 않았어. 손을 뻗어서 그리스도를 받아들일 뻔했어. 그리스도인이 될 뻔했어. 아, 지금 여기는 어디지?'

돌을 공중으로 더 높이 던질수록, 바닷속으로 더 깊이 떨어질 것입니다. 마찬가지로 여러분도 그리스도께, 천국에 더 가까이 갈수록 지옥으로 더 깊이 떨어질 것입니다.

여러분이 천국 문 앞까지 이르러, 금빛 거리와 그 위를 걷는 빛나는 이들의 행복한 얼굴을 보고, 많은 물소리 같이 크고 거문고 타는 자들이 그 거문고를 타는 것 같이 듣기 좋은 영광의 노래를 듣는데(계 14:2), 여러분한테는 문이 닫히고 그리스도께서 "내가 너희를 도무지 모르니 내게서 떠나라"고 말씀하신다면, 여러분이 가서 슬픔 가운데 눕고 지옥에 눕는 그 고통을 사람의 어떤 말로 표현할 수 있겠습니까! 그 애처로운 구덩이에서 다른 울음소리보다 더 침울하고 더 비통한 울음소리가 들린다면, 거의 그리스도인이 되었지만 완전히 되지는 못한 사람의 쓰라린 울음소리일 것입니다.

아, 반쪽짜리 일에 만족하지 마십시오! 아, 회심의 은혜 구하기를 게을리하지 마십시오! 여러분 각 사람에게 소망이 있습니다. 저는 오늘 이 설교를 듣는 모든 분이 그 매인 것 말고는 거의만 아니라 완전히 바울과 같이 되기를 하나님께 빕니다.

ROBERT McCHEYNE

로버트 맥체인 설교 시리즈 4

로버트 맥체인 설교집
누가복음·사도행전

펴 낸 날   2019년 9월 10일 초판 1쇄

지 은 이   로버트 맥체인
옮 긴 이   임정민

펴 낸 이   한재술
펴 낸 곳   그 책의 사람들

디 자 인   참디자인

판   권   ⓒ 그책의 사람들, 임정민 2019, *Printed in Korea*.
           저작권법에 의하여 한국 내에서 보호를 받는 저작물이므로 무단 전재와 복제를 금합니다.

주   소   경기도 안성시 공도읍 공도로 150, 107동 1502호
팩   스   0505 – 299 – 1710
카   페   cafe.naver.com/thepeopleofthebook
메   일   tpotbook@naver.com
등   록   2011년 7월 18일 (제251 – 2011 – 44호)
인   쇄   불꽃피앤피

책   값   12,000원
I S B N   979 – 11 – 85248 – 28 – 8   04230
           979 – 11 – 85248 – 16 – 5   04230(세트)

이 도서의 국립중앙도서관 출판시도서목록(CIP)은
서지정보유통지원시스템 홈페이지(http://seoji.nl.go.kr)와
국가자료공동목록시스템(http://www.nl.go.kr/kolisnet)에서 이용하실 수 있습니다.
(CIP제어번호: CIP2019032615)

· 이 책은 출판 회원분들의 섬김으로 만들어졌습니다.